藤原道長を創った女たち

〈望月の世〉を読み直す

服藤早苗
高松百香〈編著〉

明石書店

藤原道長を創った女たち　目次

第一章

道長を創った女たち

◉ジェンダー分析の提唱

服藤早苗

一　道長ブーム到来！

二〇一三年六月、藤原道長の日記で国宝の『御堂関白記』自筆本十四巻・古写本十二巻がユネスコの「世界記憶遺産」に登録された。推薦文を書いた倉本一宏氏が所属する国際日本文化研究センターのデータベースでは、『御堂関白記』を含め平安中期を中心とした貴族層の日記が書き下しでアップされており、誰でもアクセスでき、読めるようになり、検索できるようになった。レポートや卒論を書く大学生やカルチャーセンター受講生に、必ずアクセスするようにレクチャーしている。もちろん、東京大学史料編纂所のデータベース検索も薦めるが、こちらは書き下しではない。しかし、日記類のみならず『大日本史料』が公開されており、また国立歴史民俗博物館の史資料・データベースなど、インターネットを駆使すると地方にいても、忙しい仕事の合間でも、真夜中でも史料集めが大変便利になった。

さらに、倉本一宏氏は、『藤原道長「御堂関白記」全現代語訳』と、『藤原行成《こうぜい》《ゆきなり》「権記」全現代語訳』を刊行され、一般歴史愛好家も『源氏物語』の読者も、時代背景を簡単に理解し、検討することができるようになった。『現代語訳　小右記』も刊行中である。加えて倉本氏は、詳細な日記解読を踏まえての著書『藤原道長の権力と欲望――『御堂関白記』を読む』、『藤原道長の日常生活』等々を刊行されており、歴史のみならず古典文学愛好家の必読書になっているようである。

また、山中裕編『御堂関白記全註釈』全十六冊が刊行されている。「その成果をふまえて、約一〇五〇項目を新たに書き下ろし、十一の大分類に整理」し、「最新の研究成果にもとづいた新たな平安朝の貴族社会像を提示」した『藤原道長事典　御堂関白記からみる貴族社会』が二〇一七年に刊行された。まさに、藤原道長ブームの到来である。

道長と言えば誰でも思い起こすのは、「この世をば　わが世とぞ思ふ　望月の　かけたることも　なしと思へば」の歌である。娘の太皇太后の彰子に加え、妍子が皇太后、威子が中宮になった寛仁二年（一〇一八）十月十六日に、京極殿《きょうごくどの》（土御門殿）で開かれた饗宴で詠んだ歌である。饗宴に参加していた大納言藤原実資《さねすけ》は、返歌を詠むように要請される。道長への批判を日記にいっぱい書き付けたことでも有名な実資は、「何とも優美な歌ですので返歌ができません。皆でこの歌を唱和しましょう」と公卿などの列席者に提案し、一同で何度も唱和し、日記にも書き付ける。お陰で、千年後の我々も知ることができた歌である。この歌は、自信満々の道長が政治力を誇示した歌、満ち足りた生涯への満足を示したが政治性はない歌、十六日は満月ではないので欠け始めた栄花のはかなさを読んだ歌、等々、多様な解釈がなされてきた。近年、先行研究と史料を丁寧に検討した末松剛氏は、むしろ雑多な雰囲気の中で吐露した即興歌で、実資の対応は故実先例にのっとったそつのないものであり、道長自身が和歌を書き留めなかったのは、できの良い歌ではなかったからだ、と指摘されている。

この歌の解釈のように、先行研究も含めた史資料が入手しやすくなり、近年、道長関係の研究は飛躍的に進展している。『御堂関白記』には、娘たちの入内や饗宴、子どもたちの着袴・元服などの人生儀礼に列席した人々に贈る禄、すなわち引出物としての馬や女装束・絹等を誰に何をどれだけ賜与したか、きちんと丁寧に記していることが多い。とりわけ、女房たち女性への禄も記すことが多い。「もの」で人々を上手く統制しようとしていたことが指摘されている。また、ライバル的存在である博識で重鎮の実資にも、腰を低くして接することが多い。近年では、横暴で政治的権力誇示として「望月の歌」を詠むような政治家ではなく、人心掌握術が巧みで、結構繊細で気配りの政治家であった、とも指摘されるようになった。では、道長を取り巻く女性たちも研究が進展したのであろうか。

二　道長と女性たち

藤原道長は、康保三年（九六六）、父藤原兼家《かねいえ》、母藤原時姫の間に誕生する。同母キョウダイに道隆《みちたか》（九五三～九九五）・超子（?～九八二）・道兼《みちかね》（九六一～九九五）・詮子（九六一～一〇〇一）がいる。妻妾が多かったと言われる兼家だから、異母キョウダイはもっと多い。『蜻蛉日記』作者は兼家との間に道綱（九五五～一〇二〇）を生んでおり、藤原国章女《くにあきむすめ》対の方との間には東宮時代の三条天皇の尚侍《ないしのかみ》となり入内した藤原綏《スイ》子《シ》（九七四～一〇〇四）もいる。道長の子どもたちも多い。同居の正妻源倫子との間には、彰子・頼通《よりみち》・妍子・教通《のりみち》・威子・嬉子が、次妻源明子には、頼宗《よりむね》・顕信《あきのぶ》・能信《よしのぶ》・寛子・尊子・長家《ながいえ》がいる。他にも、愛人との間の子どももいる。

『藤原道長事典』の「道長をめぐる人々」の項には、百七十三名中、女性は二十三名が掲載されているが、一条天皇と三条天皇のキサキと皇女たち、母時姫と妻倫子と明子の娘たち、二人の姉妹、他に媄子女王・選子内親王・橘徳子・藤原遵子・藤原定子・藤原繁子が登場している。しかしながら、道長の生涯を様々な局面で彩り、関係をもった女たちはもっと多い。父兼家の他の妻妾たちや異母姉妹藤原綏子とも、さらに、道長自身が交流を持った女性たちも多い。

作家の永井路子『この世をば』は、一九八四年に出版されたが、道長の正妻源倫子の視点で道長の生涯が描かれていた。平安時代の研究を始めたばかりの駆け出し研究者の筆者は、女性たちが多く登場し、何とも新鮮な印象を受けた。多くの女性たちの登場のみならず、婚姻の最初は妻方で同居し生活の扶養を得る妻方居住婚、すなわち「婿取婚」からはじまる当時の家族婚姻実態がきちんと反映されているのも嬉しかった。また、末っ子でどちらかというとのんびり屋の道長の出世は、兄たちが飲水病《いんすいびょう》（糖尿病）と疫病で偶然にも亡くなったことのみならず、姉で一条天皇の国母詮子の鋭い政治の読みや、妻倫子の上手な「おもてなし」や気配り等こそが、大きな力だった、と展開されていたと記憶する。

しかし、小説刊行から三十五年、道長を取り巻く女性たちの史料に即した実像は明らかになったのだろうか。「ただ、三条天皇時代は、天皇の眼病がかなりひどく、さらに中宮妍子が彰子ほど賢明ではなく、華やかな生活を望んでいたこと、加えて実資の行動もやや冷静さを欠いていたことなどが穏やかでない結果を招いてしまった」（山中裕『藤原道長』二三五頁）、と道長の生涯を総括する際に女性に責任を負わせる叙述などは克服されたのだろうか。

本書では、藤原道長と関わりあった女性たちを検討してみた。道長を「創った」とは言い過ぎの感も否めないが、本書で取りあげた女性たちの姿や行動も思いおこしつつ、紫式部の『源氏物語』のモデルともされる道長像を生き生きと想像してみてほしいと思う。また、女性たちの史料も多いこと、多様な視点から分析することで立体的な人物像や歴史背景・歴史認識が得られることも理解できるのではないかと自負している。

なお、当時の女性の名前の訓は不明なことが多いので、音で読むのが研究者の慣例となっている。史料から確実にわかる場合のみルビを付した。難解な漢字は、音をカタカナで付した。

主要参考文献

大津透・池田尚隆編『藤原道長事典　御堂関白記からみる貴族社会』思文閣出版、二〇一七年
倉本一宏『藤原道長「御堂関白記」全現代語訳』上中下、講談社学術文庫、二〇〇九年
倉本一宏『藤原行成「権記」全現代語訳』上中下、講談社学術文庫、二〇一一年
倉本一宏『藤原道長の権力と欲望――「御堂関白記」を読む』文春新書、二〇一三年
倉本一宏『藤原道長の日常生活』講談社現代新書、二〇一三年
倉本一宏『藤原道長「御堂関白記」を読む』講談社選書メチエ、二〇一三年
末松剛「平安時代の饗宴――「望月の歌」再考」(『文学・語学』二一三、二〇一五年)
服藤早苗『藤原彰子』吉川弘文館、二〇一九年
山中裕『藤原道長』吉川弘文館、二〇〇八年
山中裕編『御堂関白記全註釈』全十六冊、思文閣出版

第二章

道長の〈母〉たち

◉実母時姫・庶母・父兼家の妻妾

高松百香

望月の欠けることなし、と我が人生を謳った摂関時代の覇者・藤原道長にも当然産みの母はいた。そして、現代とは感覚が異なるものの、異母兄弟の〈母〉＝庶母という存在もいて、それなりの交流もあったことがわかっている。本稿では、道長の〈母〉たち、つまり道長の実母時姫だけではなく、道綱《みちつな》母などの兼《かね》家《いえ》の妻妾だった女性たちについても、できるだけ紹介していきたい。

一　実母・藤原時姫

道長ほか、道隆《みちたか》・道兼《みちかね》・超子・詮子を産み、兼家の正妻となった時姫。

実は『尊卑分脈』において、時姫の存在は一定しない。摂家相続孫の「道長」項における母の欄には、「母正一位時姫〈従四位上右［左］京大夫兼摂津守中正女、或云中正子参議安親娘也云々〉」と書かれている。藤原中正《なかまさ》

（仲正とも）の娘、あるいは中正の息子・安親《やすちか》の娘の可能性が示されている。魚名《うおな》公孫の「時姫」項は、安親の子として名があり、「大入道《(兼家)》殿北政所」「中関白《(道隆)》粟田関白《(道兼)》御堂関白《(道長)》等母也」と書かれている。なお、魚名公孫「中正」の「女子」として、「東三条関白《(兼家)》妾」「東三条女院《(詮子)》母」という情報を持つ女性もいる。十四世紀末という『尊卑分脈』編纂時において、道長の実母情報が混乱していたことは興味深い。ただ、安親と道隆の年齢差が約三十歳でひと世代であることから、時姫は中正の娘であり安親の姉妹であるという通説に従う。

時姫が受領階級出身であることは動かぬ事実である。『大鏡』には「摂津守藤原中正のぬしの女」と書かれる。「ぬし」とは敬称ではあるが、受領階級程度の身分につけられるものである。時姫の夫兼家は三男にもかかわらず摂政の座に就き、時姫が産んだ娘たちは女御・皇太后（女院）、息子たちはみな摂関の地位につき、外孫親王が一条天皇と三条天皇として即位した。『大鏡』兼家伝には、若い頃の時姫が二条大路で「夕辻占《ゆうつじうら》」をしていたところ、白髪の老婆が現れて「思うことは皆叶う」などと告げて去って行ったとあるが、こういった説話の誕生も、受領層出身にもかかわらずとてつもない「玉の輿」に乗った時姫に対する院政期の人々の理解を示すものであろう。

なお時姫の母は橘厳子。極官を中納言とする橘澄清《すみきよ》の娘である。澄清は文章生出身にして各地の受領を経験、左大弁・勘解由長官をつとめ、当時の橘氏にとって貴重な公卿であった。中正もしくは中正の父・山蔭《やまかげ》と、澄清のあいだに受領層同士のつきあいがあって、厳子との婚姻にいたったものと思われる。ちなみに山蔭も極官は中納言だが、四条流包丁式の創始者とされ、現在も包丁の神として山蔭神社に祀られ、日本料理の祖として尊崇されているという興味深い人物である。

さて時姫は、現状で確認しうる、兼家と最も早く婚姻関係を結んだ女性である。道隆出生時、兼家は二十六歳だったため、時姫以前に妻がいた可能性はあるものの、証拠はない。時姫と兼家の結婚の具体的な時期はわからないが、長男道隆が生まれた天暦七年（九五三）の二〜三年前が妥当とされている。末子道長を康保三年（九六六）に出産するまで、年子を挟みつつ五人の男女を無事に出産しているから、時姫が健康な女性であったことは疑いない。

時姫を表だって記録する男性官人日記はないが、兼家の妻のひとりであった藤原倫寧《ともやす》女＝道綱母が自著『蜻蛉日記』の中で、時姫を指す記述がいくつかある。現代語訳を載せる。なお『蜻蛉日記』は『新編日本古典文学全集13　土佐日記　蜻蛉日記』（小学館、一九九五年）を参照した。

①　**町小路の女に兼家が通いだし、訪れが間遠になった道綱母から、やはり訪れが減ったであろう時姫に向けて和歌が贈られ、返歌した**（上巻）

私のみではなく、年来のお相手・時姫のところにも夫兼家の通いは絶えたようだと聞いた。先方とはこれまでにも手紙のやりとりはあったので、五月三、四日ごろに、こんな歌を贈った。

あの人はあなた様のもとにまで訪れなくなったそうですが、いったいどんな女の所に居着いているのでございましょうね

時姫の返歌はこのようなものであった。

あの人が寄りつかぬというのは私の所のこと、居着いているのはあなた様の所とか伺いましたが

②　①と同じ状況で、さらに道綱母が時姫に手紙と和歌を贈り、返信・返歌があった（上巻）

子どもが何人もいるらしい人（時姫）の所にも、兼家の訪れはすっかり途絶えてしまったとのこと。ああ、私以上にあわれなことだと思って、手紙を送る。九月頃のことであった。同情の言葉などをたくさん書いて、このような歌も贈った。

夫の訪れを知らせるという蜘蛛の通ってくる道は空に絶えて、あの人が、あなた様の所にも私の所にも、ぷっつり来なくなってしまいましても、私は吹く風にことづけてでもお便りを差し上げようと存じます

返事は、心細やかに書いてあり、

風にことづけてお便りをくださるとおっしゃいますが、その風は草木の色の変わる秋の風、つまりは夫の心変わりを比喩する風だと思いますと、忌まわしい感じがいたしますことよ

という内容の歌が添えてあった。

③　兼家が時姫のもとへと通う様子（上巻より二箇所）

兼家は今となっては元通りに時姫の所にしきりに通っているとのこと。

雨の晴れ間に、あの人（兼家）がいつもの通い所（時姫）に行った日。

④　時姫との待遇差を歎く道綱母（上巻）

兼家が「わが家」と頼りにしている妻は時姫で、私ではないようだから、思ったようにはいかない

夫婦仲だった。幸運に恵まれた兼家のために長年連れ添ってきたが、私は多くの子に恵まれたわけでもないので、このように頼りないありさまとなり、思い悩んでいる。

⑤ **賀茂祭で時姫の車の向かいに道綱母が車を止め、和歌を詠みかける。兼家がからかう**（上巻）

そのころは四月、賀茂の祭見物に出かけると、時姫も見物に来ていた。時姫らしいと思い、その向かい側に車を止めた。行列を待つ間が手持ち無沙汰だったので、あり合わせの橘の実に、葵を添えて、

今日は葵祭で人の「逢う日」とか聞いていますが、あなたは素知らぬ顔でお立ちになっていて

と上の句を投げかけてやった。少し間があったのち、

あなたの薄情さを今日ははっきり見てとりましたよ

との下の句を返してきた。「長年ずっと憎らしいと思ってきたはずなのに、どうして『今日』と限定して言ったのでしょう」と言う侍女もいる。帰ってから兼家に「こんなことがありました」と話すと、「時姫は『お前を食ってやりたい気がする』、とは返してよこさなかったかね」と言い、自分の冗談を気に入って面白いと思っているようだ。

⑥ **道綱母と時姫方の従者たちがもめ事を起こす**（中巻）

明くる日（安和二年正月二日）、私の所とあちら（時姫）の所の下人の間でもめごとが起きて、やっかいなことがあれこれあった。兼家は私の方に同情して気の毒がっていたけれども、私としては、住まいが近いことが原因なのだ、転居は失敗だったのだと思っているうちに、……

先に結婚していて子だくさんの時姫を道綱母はライバル視しており、得意の和歌をつかって時姫にちょっかいを出しているのが①、②、⑤である。しかし道綱母がいかに美しく和歌の達人であろうと、五人もの子女、それも摂関政治に大事な「后がね」の娘を早めに二人も産むことができた時姫の貢献は大きく、妻としての道綱母と時姫の待遇には差があった（③、④）。

道綱母にしてみれば、時姫は目の上のたんこぶのようなものだし、兼家も二人の和歌のやりとりを覗いては、対立をあおったりからかったりして品がない（⑤）。また実際に時姫と道綱母との従者同士が喧嘩をするという事件も起こる（⑥）。

この後、天禄元年（九七〇）の春、兼家が新造した東三条邸に、時姫と子どもたちは同居する。結婚後二十年を経ていた。正妻が事後的に決定した重要な事例である。同居以前には時姫サイドも道綱母を好意的に待遇する余裕はなかったのであろうが、東三条邸同居は二人の女性の社会的身分の違い――正妻とその他の妻――を明示したのである。

さて、東三条邸で両親と同居した道長だが、兄姉たちはどの程度同居したのであろうか。十八歳になる長兄道隆は翌年に庶長子（のちに兼家の養子になる道頼《みちより》）が誕生しているので完全な同居は微妙であるが、のち正妻となる高階貴子との婚姻関係もまだ始まっていないころかと思われるので、出入りはあっただろう。すでに冷泉天皇の女御となっていた長姉超子は里下がりにやってきたであろう。次兄道兼は十歳、次姉詮子はまだ九歳で完全に同居したはずである。つまり東三条邸は、女御超子と后がね詮子、将来彼女たちを支えるであろう若き兄弟たちと、兼家・時姫夫婦の華やかな生活の舞台であった。道綱母をはじめとした他の妻や妾たちのことなど、この完璧な東三条邸世界では、顧みられていなかったのではなかろうか。

道長にとって、母時姫との日々は長くはない。道長十五歳、天元三年（九八〇）正月に時姫は死去する。『小記目録』は正月十五日条に「母氏の薨により、女御〔超子〕退出するの事」を記すが、成人した道長が母の法要として経供養や斎食《さいじき》を毎月二十一日に行っており（『御堂関白記』）、また姉の詮子が二十一日を「御衰日」とすることから（『小右記』）、二十一日が正しかろう。この十四日前の正月七日、道長は従五位下に叙爵されており（『公卿補任』）、元服を迎えたようだ。末っ子道長の元服を、末期の時姫は見届けることができただろうか。なお詮子が懐仁《やすひと》親王（のちの一条天皇）を出産するのは、この年の六月であった。

生年は不明だが、享年は五十に届かなかったと思われる。娘の超子や詮子も、懐妊と出産には恵まれたが寿命は短かったから、この母の血筋を引いたものか。

いずれにせよ時姫は兼家が摂政になる以前（右大臣段階）に亡くなった。唯一の正妻時姫を失ったこと、また兄兼通との紆余曲折の末に摂政となったことと関わるのか、ここからの兼家の女性関係はかなり乱れていくことになるが、それはそれぞれの項目で述べることとする。

早い死を迎えた時姫ではあるが、長女超子には居貞《おきさだ》《いやさだ》親王が、道隆には伊周《これちか》や定子が生まれており、兼家の次世代・三世代を見届けての死であった。受領階級出身であるにもかかわらず摂関家正妻・天皇の祖母となったという超がつくほどの玉の輿と思われがちだが、子だくさんで女子もしっかり産んだ時姫のおかげで、このあとの摂関家の繁栄が築かれるのであるから、摂関家にとって時姫こそが「さいわい人」であった。

二　藤原倫寧女（道綱母）

『蜻蛉日記』筆者として名高い藤原道綱母。父は藤原倫寧、母は不詳である。倫寧の極官は正四位下伊勢守。典型的な受領層だが、任地は上総・河内・伊勢など上国・大国が多かった。『更級日記』作者菅原孝標《たかすえ》女も倫寧の孫であり、倫寧自身も『後拾遺和歌集』に一首を残す歌人であった。文才に富んだ一族といえよう。

『蜻蛉日記』上巻には、天暦八年（九五四）の兼家からの求婚、結婚、翌年の道綱出産と兼家の「町小路の女」への執心など、結婚当初の諸相が多くの和歌とともに描かれており、平安中期の婚姻事情を知る絶好の史料ともなっている。道綱母と兼家の結婚は、父倫寧を経由し、三日間の通いを経た、当時としては正式な手続きを経たものであり、道綱母は世間的に認知された妻であった。婚姻の過程においては、先に結婚し、長女の超子が冷泉天皇の女御となっていた時姫が妻たちの中でも正妻の座に近い存在であったが、道綱母と身分差もなく、兼家の甘言もあり、道綱母はいつか正妻に据えてもらって同居を、という希望を捨てていなかった。しかし、ある日を境に、正妻の道は完全に閉ざされたようだ。

こんなことなどしているうちに、秋は暮れ、冬になったので、とりたててどうと言うことはないけれども、何かとものの騒がしい感じがして過ごしているうちに、十一月に、雪がとても深く積もり、どういうわけかむやみと我が身が厭わしく、兼家が恨めしく、悲しい思いのする日があった。（『蜻蛉日記』中巻）

東三条邸の完成を前に、確かに兼家は道綱母に「いつしか見せん（あなたを住まわせよう）」と言っていたのに、結局迎えられることはなく、悲しみに沈んだ告白とされている。このあと、兼家が東三条邸への引っ越しを前に華やぐ一方、すさんだ道綱母の心情が描かれる。

　兼家はすばらしく豪華に造り上げた新邸に、明日移る今夜移ると大騒ぎしているそうだけど、私のほうはやはり裏切られてしまったので、どうせどこへ行っても同じなのだからこのままでよいのだという心境になっていた。（『蜻蛉日記』中巻）

時姫との関係は前節で見たように、時姫に対して独りよがりな闘いを挑む道綱母の空回りが哀れであり、町小路の女の出現時には、なぜか時姫に憐憫の歌を送りはぐらかされるような空気の読めなさに、『蜻蛉日記』読者としてはハラハラする。

　しかし時姫の同居によって正妻が決定するまで、道綱母は子どもの数以外では時姫にひけを取るところはなく、むしろ和歌・連歌を通じてなら兼家と対等もしくは指導者的な交流ができることに自信をもっていたようだ。衣の仕立ても得意で兼家からしょっちゅう縫物を頼まれていたことは、『蜻蛉日記』上中下巻それぞれに記述がある。

　中世後期の編纂である『尊卑分脈』に、道綱母は「本朝第一美人三人之内也」とある。結婚前も婚姻継続中も、求婚の話が複数あったという道綱母には、女性としてのプライドと自信があり、それが兼家との結婚生活の邪魔ともなったようだ。同居が叶わなくなった前後には、出家をほのめかして道綱を連れて有名な般若寺の「鳴滝籠もり」に出かけ、世間体を恥じた兼家が迎えに来るも引くに引けず、兼家のみ帰らせるということもあった（『蜻蛉日記』中巻）。兼家にとっても扱いづらい妻であった。

　とうに元服した道綱を「幼き人」扱いし、恋文の代作などをし続けたことも有名である。宮廷社会では軽んじられ、極端な場面ではあるが「僅かに名字を書き、一、二を知らざる者なり」（『小右記』）とまで愚弄される道綱は、文才に秀でた母のサポートが必要となる場面も多かったことだろう。

また、養女を迎え育てていたことも注目されている（『蜻蛉日記』下巻）。道綱成人後めっきり訪れなくなった兼家の関心を引き、自身の無聊を慰めてくれる女子を探していたが、兼家が通って今は零落している源兼忠女《かねただ》（後述）が、兼家との間に認知されていない女子を産んでおり、その子を引き取ることにした。『蜻蛉日記』下巻はその養女迎えと、養女に対する求婚者への対応に筆が割かれており、擱筆までの三年間の道綱母の主たる関心を示している。

この養女は、異母姉妹皇太后詮子に仕えた「宮の宣旨《せんじ》」に当たるとされてきたが、近年の研究からは別人と言われている。養女のことは『蜻蛉日記』以外の史料には残らず、どのような人生を送ったか不明であるが、もし養女を「宮の宣旨」として女官勤めさせたとするならば、大いにそれを書き付けたであろうし、求婚に時間を掛けて対応する様子にも合わないため、別人説を取りたい。

天元三年（九八〇）正月の時姫死去時において、すでに道綱母と兼家には夫婦としての交流はほとんどなく、道綱母は父倫寧の用意した住まいに引っ越していることから、実質的に離婚状況だった。この前後からの兼家の女性関係にはたがが外れたようなところがあるが、すでに『蜻蛉日記』の記述は終わっており、道綱母からの情報はない。

しかし、天元三年六月、女御詮子に皇子が誕生し、円融天皇の第一親王を兼家は孫に持つこととなった。その五十日の祝いに、道綱母は

万代を呼ばふ山辺のゐ（猪）のこ（子）こそ君が仕ふる齢なるべし

という歌を贈っている（『蜻蛉日記』巻末家集）。時姫の子である詮子に対し、歌人道綱母の本領発揮といった祝賀歌である。実子としては願っても叶わなかった女子だが、兼家の女子が将来の国母となるなら、道綱の今後の繁栄にも繋がる。皇子の誕生に、腕をふるって詠んだものだろう。

最後に、道長の〈母〉としての道綱母、ということを考えたい。道綱自身はこののち、詮子や道長の庇護のもと、どうにか大納言まで昇進することができている。有能とは言いがたい道綱には母の援助が必要であったろうし、母からすれば、道長や詮子と関係を悪くするわけにもいかなかったであろう。

しかし、注目すべきは、道綱の妻に道長正妻源倫子の妹が配されたことである。道綱の嫡子兼経《かねつね》を産んだ直後に死亡したが、この婚姻は道長にとって、異母兄道綱の人格への信用の証とも見えるし、もし道綱母への不信や敵意があれば成立しなかったと思われる。

それどころか、歌人として名高い道綱母の存在感は、兼家一家の文化的意義を向上させたとも考えられ、むしろ時姫の遺児たちの好意的感情のもと、道綱母は彼らの〈母〉として、好ましい交流を続けていたと思われるのである。

三　町小路の女

道長にとって〈母〉と考えうる範疇外とは思うが、時姫・道綱母と続いたためここに挙げておく。道綱母の懐妊中に兼家との婚姻関係が始まり、道綱母に相当の心労を与えた女性である。その出自は不明だが、「孫王の、ひがみたりし皇子《みこ》の落胤《おとしだね》なり。いふかひなくわろきことかぎりなし」（『蜻蛉日記』上巻）とあり、道綱母による侮蔑感情もあるだろうが、天皇の孫にあたるものの血筋には難があり、素性の悪い女性として描かれる。

兼家と一つ車に「はひのる（這い乗る）」とか、出産後というタイミングではあったが兼家の衣装を仕立てられず、道綱母のところに新旧の衣を持参しては「これ、せさせ給へ（これをお仕立てください）」という依頼をして突っ返されるなどの記述からは、いわゆる貴族の妻としての教養や素養、矜恃を感じることはできない。

彼女に対して道綱母は、男児を出産したと聞けば「いと胸ふたがる（胸がふさがるように苦しい）」、兼家の訪れがなくなったと聞いては「心やすし（安心した）」、その男児が死亡したに至っては「いかなる心地かはしけむ。我が思ふには、今少しうちまさりて嘆くらむと思ふに、今ぞ胸はあきたる（どんな気持ちでいるだろう。私より辛くて嘆いているかと思うと、本当に気分がすっきりする）」とまさに快哉を叫ぶがごときの感情を吐露している。これらの記述は、先に妻となった時姫は仕方がないにせよ、育ちの悪い女性に妻に加わられ、世間から気の毒がられたりすることは耐えがたかった、と考えられてきた。

しかし近年、町小路の女の出自が再検討されたことにより、このシーンの読み替えが必要かもしれない。「町小路の女」なる表現は、実は『蜻蛉日記』の中にはなく、いつからか研究者が使用しているものである。道綱母のリードに乗せられて、場末の女のようなイメージすら形成されてきた。しかし、『蜻蛉日記』にあるように、彼女はまさに皇孫であり、町小路なる住所も当時の皇族貴族身分の人々が住まう地域、兼家は町小路の女の出産に対し「たひらかにものせらるめる（無事にお産を済まされた）」と尊敬語を使用している。むしろ道綱母にとっては、自分以上の身分の女性の出現に対する警戒があり、しかも道綱と同じ男児が生まれたことで、兼家の愛情を奪われる危機と感じたはずである。結果的に町小路の女は兼家の寵愛も息子も失ってしまったため、道綱母は彼女に対する侮蔑の言葉を遠慮しなかったものと思われる。

なお、この町小路の女が目障りなあまり、時姫と傷心を慰め合おうとでも思ったか、数度の和歌の応答をしているが（第一節で引用）、時姫からは通り一遍の返歌が来たのみであった。時姫にとっては、金持ち喧嘩せず、というところであろうか。

男児が死んだこともあり、兼家やその家族たちとの交流は絶えた。道長に至っては、町小路の女の存在すら知らなかったかもしれない。

四　源兼忠女（道綱母養女の母）

源兼忠は「故陽成院の御後」（『蜻蛉日記』下巻）という皇孫である。その娘との間に兼家が通い、第二女にあたる女子を産んだものの、公に認知されずのち道綱母の養女として引き取られた。兼忠が近江守だったことと関連するのか、養女の話が出たとき母子は「志賀の麓」にわび住まいという状況だったようだ。婚姻期間が短く扱いもよくないが、兼家の人生において早い段階での愛人ではあった。道綱母による養女迎えにより、女児は兼家から一定の認知もされることとなった（『蜻蛉日記』下巻）。

五　藤原忠幹女（道義母）

兼家四男道義《みちよし》の生母の女性がいる。藤原忠幹《ただもと》が中宮亮時代、娘の許に兼家が通って道義が生まれたものである。康保元年（九六四）ごろから関係が発生したようである。『尊卑分脈』長良《ながら》卿孫の忠幹の「女子」のひとりに「法興院〔兼家〕関白家女房式部少道義母」と書かれるものがそれにあたり、女房勤めの中で、兼家の寵を受けた時期があったということだろう。

　ところでこの道義だが、『尊卑分脈』には道隆公孫の系図にのみ、道隆の唯一の弟のごとく記載される（道長らの主要な兄弟はここでは略され、別系図にある）。「従五位上、民部少輔」という官位のほか、母の欄には「母勘解由長官忠幹女」とある。そして、「道義」という名前の直下には、「落姪也、出家、日本第一色白也」という記載がある。落姪とは、兼家の正式な結婚相手からの出生ではない、ほどの意味であろうか。それにしても「日本第一色白」とは気になる表現である。

　すでにこの道義については文学の分野で注目されている。『大鏡』兼家伝において、「四郎は、外腹の治部少輔君とて、世の痴《し》れ者にて、まじらひもせでやみたまひぬとぞ、聞こえはべりし」とあることから、痴れ者＝白者・白物との連関で、『尊卑分脈』編者が誤解し、「色白」と記述したと想定されている。いずれにせよ、何らかの障害を持つ男性であった可能性が高く、兼家も関わりを避けたと考えられ、結果的に「落姪」となったのだろう。ただ、出家してから僧侶としての活躍もあった可能性が指摘されており、現状で結論を出すのは難しい人物でもある。

　道隆系図に含められることとの関わりを類推するに、何らかの障害者であったとしても、極官を従五位上民部少輔とする官人ルートをたどったらしい道義の人生は、異母長兄道隆による援助の存在があったことの反映ではなかろうか。勘ぐりにすぎないが、兼家・道隆の父子というのは、良くも悪くも兼家の妻たちと道隆の関係が深くなる傾向にあることも、一応述べておく。

六　保子内親王

摂関家の男たちに内親王の降嫁が果たされる事例はいくつもあるが、正妻時姫亡き後に、正妻格として兼家のもとに配されたのが、保子内親王である。父は村上天皇、母は更衣《こうい》藤原正妃で、第三皇女として天暦三年（九四九）に生を享けた。兼家とは二十歳も年齢差がある。

『栄花物語』によると、兼家が摂政となった当初（寛和二年〈九八六〉以降）、執政に正妻がいないのは不都合として、女三の宮である保子内親王のもとに通うこととなったが、思ったよりもつまらない女性なので、通いが絶えてしまった。この宮はそれを不面目と思い、心痛のあまり亡くなったという。

保子内親王は琴の名手で、父村上天皇の希望により両親の前で演奏する機会があった。演奏はすばらしかったが、曲目に対する村上天皇からの質問に母の更衣がトンチンカンな返答をし、不興を買ったというエピソードがある（『栄花物語』巻一）。

七　藤原国章女（綏子母）

藤原国章《くにあき》の娘で、「いと色めかしう、世のたはれ人」（『栄花物語』巻三）、つまり性的に奔放な女性と描かれる女性。表向きには三女（道綱母が養女とした源兼忠女を二女とすれば四女）の綏子《スイシ》の母である。「小野の宮の大臣の御召人《めしうど》」（『蜻蛉日記』下）、つまり摂政藤原実頼《さねより》の愛人女房であったが、実頼亡き後に兼家の寵愛を得て、後に東三条殿に招かれ住んだことから「対の御方」と呼ばれた。妾の典型的な呼称であるが、格別の扱いを受けた妻のひとりと言えよう。

娘の綏子は器量がよく、皇太子居貞親王の尚侍《ないしのかみ》として入宮した。『大鏡』兼家伝には、居貞に命ぜられ、手が変色してもずっと氷を持っていたという綏子のエピソードがある。『栄花物語』等で源頼定《よりさだ》との密通事件が描かれていることからも、疎んじられたようだ。しかし前者に関しては居貞の性格に難があるようにも思われる。

兼家没後、長男道隆とも関係を持ち、妍子女房となる娘を産む。道綱母が「近江」と呼称する女性が「対の御方」と考えられているが（『蜻蛉日記』中巻）、父と息子両方に通ずる素行を含め、道綱母は彼女に対する嫌悪感を隠さなかった。

八　権の北の方・大輔

時姫死後、道綱母との交流も絶えた兼家にとって、実質的な正妻は大輔《おおすけ》であった。『栄花物語』には巻二・巻三の二ヶ所に、兼家に寵愛され時めく、「院の女御」に仕える大輔なる女性の姿が書かれている。院の女御とは超子であり、大輔はその典侍《ないしのすけ》であったとするが、実態は不明である。『栄花物語』には「御召人の典侍」とあり、編纂時には兼家にとって妾より格下の召人身分と判断されたようだが、「権の北の方」＝正妻並、という表現もあり、高待遇を得ていた妻であったことがうかがえる。世の人々はこの大輔に名簿《みょうぶ》を差し出し、司召《つかさめし》の折りにはこの局に詰めかけたという。

兼家晩年の妻であり、所生子の情報はない。正妻格の働きをした有能な女性で寵愛も深かったであろうが、やはり道長にとって〈母〉という範疇からは外れると思われる。

九　中将の御息所

円融院の時代、藤原元方《もとかた》の孫である「中将の御息所《みやすどころ》」という女性がおり、のち兼家の召人となっていたが、権の北の方・大輔の存在感によりほとんど無視されていたらしい（『栄花物語』巻三）。父は藤原懐忠《かねただ》か。

以上、現存史料にある限りの道長の〈母〉的な人物を挙げてみた。道長の父・兼家は、『蜻蛉日記』の作者である道綱母からの情報によって、不誠実をなじられて当然な浮気者のような印象があるが、この時代において取り立てて珍しいほどの色好みでもない。ただし、正妻時姫亡き後の女性関係の乱れ方、息子と女性を共有するような性のあり方は、身内にも世人にも決して尊敬されたとは言えなかった（『大鏡』）。

正妻の地位を隔絶して高め、その他の女性から生まれた子女との待遇を差別化した道長の女性観・婚姻観に、父兼家の妻たちへの処遇は、大きな影響を与えたものと、考えられるのである。

主要参考文献

飯沼清子「「白物」攷」『風俗史学』三六―三、一九九八年
岡一男『道綱母　蜻蛉日記芸術攷』有精堂、一九七〇年（初出は一九四〇年）
倉田実『蜻蛉日記の養女迎え』新典社、二〇〇六年
田渕句美子「『蜻蛉日記』の「町の小路の女」考」『むらさき』第五十一輯、二〇一四年
冨永美香「増賀伝の形成――「道義記」をめぐって」『中世文学』四〇、一九九五年
冨永美香「よのしれもの――『大鏡』道義評をめぐって」『お茶の水女子大学人文科学系紀要』第五十一輯、一九九八年
服藤早苗『平安朝　女性のライフサイクル』吉川弘文館、一九九八年
服藤早苗『平安朝　女の生き方――輝いた女性たち』小学館、二〇〇四年
増田繁夫『右大将道綱母』新典社、一九八〇年
増田繁夫『源氏物語と貴族社会』吉川弘文館、二〇〇二年
桃裕行「忌日考」『桃裕行著作集　第八巻』思文閣出版、一九九四年（初出は一九八五年）

第三章

二人の同母姉と二人の異母妹

◉超子・詮子・綏子・道綱母養女

永島朋子

藤原道長には二人の姉と二人の妹がいる。姉は藤原超子と藤原詮子である。二人とも藤原兼家《かねいえ》と藤原時姫の間に生まれた同母の姉だ。対して妹二人は、道長とは母が異なる。一人は藤原国章《くにあき》女を母として生まれた綏子《スイシ》、もう一人は兼家と源兼忠《かねただ》女の間に生まれ、のちに藤原道綱《みちつな》母が養女とした女性である。

この四人が兼家を父とした道長の姉と妹である。

一　超子――冷泉女御、三条生母

超子の生年は定かではないが、安和元年（九六八）十月十四日に冷泉《れいぜい》天皇へ入内《じゅだい》している。康保三年（九六六）生まれの道長が数え年三歳の頃のことである。

超子は入内する直前の安和元年十月二十六日に、冷泉天皇の大嘗会《だいじょうえ》御禊《ごけい》で女御代《にょうごだい》に選ばれている（『蜻蛉日記』上巻)。天皇が賀茂《かも》川で禊《みそ》ぎをする行列に、牛車《ぎっしゃ》を華やかに装いついていく。そのあでやかな行列は王朝絵巻のみものの一つだった。超子は入内前にその行列の一画を占め、同年十二月七日に女御となった。超子の例は、父親の兼家が蔵人頭で従三位《じゅさんみ》であったため、いまだに公卿《くぎょう》となっていない者のむすめが女御になった初例とされる(『二代要記』)。

歴史物語である『栄花物語』巻二は、超子が冷泉上皇の寵愛を受けている様子を描くが、どことなく浮かない顔の兼家がみえる。兄藤原兼通《かねみち》と弟兼家の関白職をめぐる争いは有名である。兄兼通が弟兼家の第二女詮子の入内をかたくなに拒否していた。その理由は、どうやら冷泉女御であった超子に皇子が誕生したことと関係があるらしい。その頃、兼通の娘である媓子が円融《えんゆう》天皇の中宮となっていたが、媓子には懐妊の兆しがいっこうに見られなかった。いっぽうで超子は、貞元元年(九七六)正月三日に、冷泉上皇の第二皇子を出産する。のちに三条《さんじょう》天皇として即位する居貞《おきさだ》親王である。冷泉上皇に実権はないとはいえ、村上《むらかみ》天皇の血を引く皇子が生まれた。その居貞《いやさだ》は、天元二年(九七九)十一月二十日に親王宣下《せんげ》を受ける。超子は、その後も、為尊《ためたか》親王(九七七~一〇〇二)、敦道《あつみち》親王(九八一~一〇〇七)、光子内親王(九七三~九七五)を出産する。

道長は、天元三年(九八〇)正月七日に従五位下になっている(『公卿補任』)。冷泉院御給、つまり冷泉院の推薦とその恩恵で、貴族の仲間入りを果たした。しかし、この直後の正月十五日には母時姫が死去する。父母の服喪《ふくも》は一年である。時姫の喪が明けた最初の正月である天元五年(九八二)正月十日に、道長は昇殿を許された。

ところが今度は超子が突然死去した。同年正月二十八日のことである。小野宮流の祖とされる藤原実資《さねすけ》の日記によれば、その日は朝から雪が降っていた。実資は続けて「今日、右大臣（藤原兼家）の円座《わろうだ》を敷かず。『今朝、院の女御（藤原超子）頓滅《とんめつ》す』と云々。梅壺《うめつぼ》（藤原詮子）今夜退出す。服親の王卿達、右大臣の座を敷かざるに依りて退下す」（『小右記』）と記す。ここから超子の死が突然のことであり、親族の王卿らが慌ただしく内裏から退出している様子がうかがえる。

実はその前日の夜に、年始めの庚申《こうしん》の遊びが行われていた。庚申の日は夜通し、飲食や詩歌管弦などの遊びを行う。兼家の息子たち藤原道隆《みちたか》・藤原道兼《みちかね》・道長は、冷泉上皇女御超子や梅壺にいた円融女御詮子の居所などに顔を出し、側に仕える女房らも交えて賑やかに過ごしていた。超子は「院の女御、暁方《あかつきかた》に脇息《けうそく》に押《を》しかかりておはしますままに、やがて御殿籠《おんとのごも》り入《い》りにけり」（『栄花物語』巻二）とあるように、明け方近く脇息に寄りかかるように眠りにつき、そのまま目を覚ますことはなかった。道長十七歳、詮子二十一歳だった。

超子は山城国宇治の木幡《こはた》に葬られた。これ以後、藤原氏出身の女御は庚申の遊びをすることはなくなったという（『古事談』巻六）。

超子の死後、遺された皇子たちは兼家や摂関家のもとで養育された。居貞は寛和二年（九八六）七月十六日に兼家第の東三条院南院において元服《げんぷく》し、立太子《りったいし》された。二人の皇子も摂関家に後見され、元服を迎えている（『日本紀略』永祚元年十一月二十一日条、正暦四年二月二十二日条）。東宮居貞は即位すると、寛弘八年（一〇一一）十二月二十七日に故生母超子に対して「皇太后《こうたいごう》」を追贈し、公卿らの批判があるなか国忌《こき》・山《さん》陵《りょう》を置いた。

ところで、『栄花物語』巻二は、超子の死を、冷泉院にとりついていた物の怪、つまり藤原元方《もとかた》の霊の仕業としている。この点について『栄花物語』の筆致は明快だ。超子の死は「あさましうはかなき世ともおろかなり」と形容されている。現代風にまとめると、命ははかなく長く続くものではない、予測がつかない別れは親しい人々に言葉では言い尽くせないほどの哀しみをもたらす、とでもなるだろう。『栄花物語』は、周囲の落胆の様子や、物の怪の影響から詮子を守る兼家の姿へと筆を進め、幼くして母と死に別れた遺児たちに対して哀切の眼差しを注いでいる。もし超子の人生から何かを学ぶとしたら、今も昔も変わらないはかなさであるように思う。

二　詮子――円融女御、一条生母

兼家第二女詮子は応和二年（九六二）に生まれている。道長とは五歳違いの次姉である。

父兼家は、天元元年（九七八）八月十七日に十七歳の詮子を入内させる。入内した詮子は、梅壺すなわち凝花舎《ぎょうかしゃ》を居所とした。『栄花物語』巻二には、詮子は「愛敬《あいぎゃう》づき気近《けぢか》くうつくしうおはします」と、魅力にあふれ、親しみやすく、非常に可憐であったことが記されている。また詮子の入内によって、兼家の息子たちもときめいた。貞元二年（九七七）十月に兼家が左遷された際には、兼家の息子たちも出仕《しゅっし》できず世の無情を感じていたが、詮子入内とともに、いまは何のはばかりもなく出歩くことができるようになった、とそのときめきぶりが対照的に描きだされている（以上、『栄花物語』巻二）。

人々の関心は、円融後宮の行方であった。天元二年（九七九）六月には円融皇后で兼通女の媓子が死去した。その年の夏には延暦寺東塔檀那院《だんないん》で祈禱《きとう》が行われている（『大日本史料』第一編之十七、二〇二頁）。皇子誕生の祈禱のようである。祈禱は、八月十日から十月十八日までの七十日の間続けられた。

その年の十月五日に詮子は、円融天皇の女房らへ亥《い》の子《こ》餅を贈る。円融天皇の御前には、白銀《しろがね》で作った猪の子に亀が添えられて進上された（『源順集』）。亥の子餅は旧暦の十月の亥の日、とくに初亥《はつい》に食べると万病を防ぎ、子孫が繁栄すると考えられていた。翌天元三年（九八〇）の正月十一日には詮子は従四位下に叙され（『日本紀略』『小記目録』）、同年六月一日に出産する（『日本紀略』）。名は懐仁《やすひと》、のちの一条《いちじょう》天皇である。詮子は円融第一皇子にして、ただ一人の皇子を生んだ。

懐仁の五十日《いか》の儀は同年七月二十日に清涼殿《せいりょうでん》で行われ、八月一日には親王宣下を受けた。しかし、天元五年（九八二）三月十一日には、媓子の死去によって空位となっていた円融天皇の皇后に藤原頼忠《よりただ》女遵子が立った。遵子立后の準備は、秘密裏に進められていた（『小右記』同年二月二十九日条）。遵子は皇子女を生まないまま皇后とされたため、「素腹《すばら》の后」とあだ名がつけられた（『栄花物語』巻二）。いっぽう、皇子を生んだ詮子は女御のまま止めおかれた。詮子は、同年十二月七日に円融の強い希望により内裏で行われた懐仁親王の着袴《ちゃっこ》の儀にやっと参内している。もっとも、内裏焼亡により円融は職御曹司《しきのみぞうし》に遷御《せんぎょ》していた。しかし、詮子は四日後には懐仁を連れて退出してしまった（『栄花物語』巻二）。

永観二年（九八四）八月二十七日、円融天皇が譲位し、東宮師貞《もろさだ》親王が花山《かざん》天皇になり、懐仁が立太子した。五歳の懐仁は凝花舎に入り（『日本紀略』）、詮子の居所であった梅壺を生活空間とした。寛和二年（九八六）三月には七歳になった東宮懐仁が花山天皇と対面する。このとき詮子は正三位に昇叙される。

同年六月二十三日には花山の出家により剣璽《けんじ》は東宮懐仁に渡り、即位して一条天皇となった（『日本紀略』）。兼家は摂政に就任し、翌七月五日には、詮子が天皇生母として皇太后になる。女御から皇太后へと上がった初例である。従来は中宮職《ちゅうぐうしき》を付されて「皇太夫人《こうたいぶじん》」となってから「皇太后」へ冊立《さくりつ》されていたが、詮子は皇太夫人を経ず皇太后となった。懐仁即位までの経緯は、外孫の即位を望んだ兼家の謀議によるとされてきた。近年ではそこに詮子の関与、少なくとも詮子も存知していた可能性が指摘されている。

一条が元服するまで、傍らには常に詮子がいた。この頃、詮子は異母兄藤原道綱《みちつな》から花橘《はなたちばな》を贈られ、和歌を返している（『蜻蛉日記』巻末歌集）。詮子の和歌は、「かばかりもとひやはしつるほととぎす花橘のえにこそありけれ」とあり、これまでまったくこのようなことはなかったのに、花橘の香に誘われて訪れるほととぎすのように、これも何か、「昔の人」のご縁なのでしょうか、との意味にとれる。道綱は「橘のなりものぼらぬみを知れば下枝《しづえ》ならではとはぬとぞ聞く」と返す。意味は、橘の実が上の枝には実らないことを知っているので、ほととぎすは下の枝でなければ訪れないでしょう、とでも読め、出世しない身の程を知ってか、何か含みがありそうな和歌である。

よく知られているように、皇太后には様々な権能が付与されている。その一つに年給《ねんきゅう》と呼ばれる自らが推薦者となって、希望者に任官や叙爵の推薦をする経済特権があり、詮子も行使していたと考えられている。いずれにしても詮子は、女御のときとは格段に異なる地位を得たことには間違いない。

正暦元（九九〇）年七月二日には兼家が死去し、翌二年二月十二日には円融法皇が死去する。すると、同年九月十六日に詮子は、自身の病を理由に出家《しゅっけ》し（『日本紀略』）、史上初の女院《にょいん》・東三条院《ひがしさんじょういん》となった。女院になってからの詮子は「母后《ぼごう》、朝事《ちょうじ》を専《もっぱ》らにす」（『小右記』長徳三年七月五日条）と称されるような影響力を行使している。詮子が弟道長の権勢を用意したことは有名である（『大鏡』五、道長）。長徳二年（九九六）六月二十五日には、詮子が参内《さんだい》したタイミングで道長が左大臣になった（『小右記』）。

道長は長徳四年（九九八）三月には腰病を発し、出家の意を固め、官職および随身《ずいじん》を辞することを一条に願い出た（『本朝文粋』巻四、表上）。その文言には「偏《ひとえ》に母后の同胞《はらから》を以て、不次にして昇進す」とある。このときは随身の停止のみが認められた（『本朝文粋』巻二）。ここに見える「母后の同胞」との文言は、その後の道長の繁栄を考える基となろう。

では詮子は人々にどのように記憶されていたのか。ひとまず詮子と一条天皇の母子関係を見てみよう。清少納言が『枕草子』「はしたなきもの」の段で二人の関係を描写している。一条が石清水八幡宮への行幸を終え、京に戻った長徳元年（九九五）十月二十一日のことである。一条は元服し、天皇として独り立ちを始めた頃で、詮子は女院になったばかりの三十四歳だった。その日は、内裏に還御《かんぎょ》する一条を一目見ようと多くの見物《けんぶつ》があった。そのなかに詮子の桟敷《さじき》もあった。それをみとめた一条が女院詮子の桟敷の近くで輿《こし》をとめ近衛中将を使いにだし、詮子に挨拶をした。清少納言は、天皇の位にあっても母に礼を尽くしたその様子があまりにも素晴らしく立派であったために、涙で化粧をした地肌があらわれてしまったと記している。そのとき清少納言は、「よろしき際《きは》の人だに、なほ子のよきはいとめでたきものを」と、ただでさえ子どもが立派な振る舞いをするときは誇らしい気持ちだが、女院のような際だって身分の高い人がそのような振る舞いを目にした時の気持ちを想像するのは大変に恐れ多いことであるとの感慨を残している。

また詮子はたびたび体調を崩している。詮子の病状は、一条を巻き込んでの騒ぎだったようだ。たとえば一条が母を見舞う場合には行幸《ぎょうこう》という形を取らざるを得ない（『小右記』長徳三年六月二十二日条など）。詮子の快復を願って大赦《たいしゃ》を行うにも、天下に罪を赦《ゆる》す旨を告げる詔書《しょうしょ》の作成が必要だった（『日本紀略』長徳四年七月二日条、『小右記』永祚元年六月二十四日条など）。多くの史料は、簡潔な事実しか伝えない。事実の裏側に、政務執行に必要な手続きを、慌ただしく進める一条や道長の姿を読み取ることも、あながち間違いではないだろう。

病が癒えると、詮子は近江の石山寺《いしやまでら》や大和の長谷寺《はせでら》への参詣をしている（『日本紀略』正暦二年十月十五日条、長徳三年八月八日条など）。参詣の際には、袈裟《けさ》など心尽くしの布施《ふせ》が用意された（『栄花物語』巻七）。詮子のこれらの行いは、深い信心に裏打ちされた行動だろうが、何よりも日常生活や院司の人事が太政官の管理から離れ、比較的自由になっていたことも大きいように思う。

健康に不安があった詮子は、長保三年（一〇〇一）閏十二月二十二日に四十歳で生涯を閉じ、木幡に葬られた。亡くなったのは、詮子の家政機関を取り仕切っていた院別当の藤原行成《こうぜい》《ゆきなり》の邸宅であった（『日本紀略』）。

亡くなる前の同月十六日には東三条院で一条が見守るなか、完全剃髪《ていはつ》も行っている（『権記』同日条）。けれども詮子の病状は、予断を許さなかったようだ。周囲は、安倍晴明らの占いによって方角が悪い結果が出たため、詮子の居場所を東三条院に変えるなどして望みをつないだ（『権記』長保三年閏十二月十七日・十八日条）。詮子が臥せっている御座は、道長自らが、超子の遺児の為尊親王らの手を借り運んだようである（『栄花物語』巻七）。これが史実かどうかはともかくとして、雪が降り積もる寒い冬の日、行成第で詮子は息を引き取った（『栄花物語』巻七）。詮子危篤の知らせに道長が駆けつけていた（『権記』長保三年閏十二月二十二日条）。詮子の遺命《いめい》により国忌・山陵も置かれず素服《そふく》も停止された。

亡くなる二ヶ月前の十月九日には一条の主催で、道長の土御門第にて詮子の四十賀を祝う賀宴が開かれていたが、その長命・長寿の願いが叶うことはなかった。さらに詮子の死は道長の信仰にも影響を与えた。道長は、詮子の死の翌年の長保四年（一〇〇二）から法華講《ほっけこう》をほぼ毎年のように営み、それは万寿四年（一〇二七）に道長が六十三歳で亡くなるまで続いた。それほど詮子は、道長の心に入り込んでいたといえよう。

たしかに、晩年の詮子は、東三条院での競馬《くらべうま》、内裏で猫の産養《うぶやしない》を行うなど公卿らの批判をうけるようなことも行っている（『小右記』長保元年九月十三日条、十九日条）。けれども後ろ盾をなくした定子の出産を支援し、定子が長保二年（一〇〇二）十二月十六日に死去すると、その時生まれた皇女媄子内親王を引き取り養育するなど、一族を率いる天皇家の家長としての役割を果たした。道長が体調を崩したときには祈禱を行うなどの気遣いも見せている（『権記』長保二年六月二十一日条など）。

こうして詮子の人生をながめると、うるさ型の男性貴族の批判を受けるような行動も見られるが、それは周囲と心を通わせることに心を砕いた結果であるとも考えられよう。ともかく円融没後の詮子は天皇家の家長としての自負を胸に、あらん限りの行動力で歴史に名を刻んだといえよう。

三　異腹の妹綏子――尚侍、東宮居貞妃

兼家の第三女綏子の生年は、記録に残っていないが、天延二年（九七四）の頃とされる。母は従三位で対御方と呼ばれた藤原国章女である。

綏子は永延元年（九八七）九月に尚侍に任じられ東宮居貞《おきさだ》親王のちの三条天皇に入侍している（『一代要記』『大鏡』裏書など）。道長が二十二歳の非参議《ひさんぎ》で従三位の時であった。なお、入内の時期を寛和二年（九八六）

とする史料もある（『栄花物語』）。とすると、綏子は数え年十三、四歳の若年で入内した初例となる。これ以後、尚侍となって東宮や天皇に入内する慣例ができあがる。綏子は居貞親王の叔母にあたるが、兼家は居貞へ綏子を配することで、冷泉系への政治的後見を維持しようとしたという。

入侍後の綏子は、居所とした麗景殿《れいけいでん》で華やかに殿上人たちをもてなしていたものの（『栄花物語』巻四）、どうも東宮居貞から寵愛されていたわけでもなかった（『大鏡』四）。綏子は正暦元年（九九〇）頃にはすでに里第《りてい》で生活していたらしい（『小右記』同年十月二十一日条）。綏子の里第は土御門・西洞院第とされる。綏子の里第での生活は、「けしからぬ」（『栄花物語』巻四）と形容されるようなものであった。

そんななか事件は起きた。「麗景殿の尚侍《ないしのかみ》は東宮へ参り給うこと有難くて、式部卿の宮の源中将忍びて通ひ給ふといふ事聞えて」（『栄花物語』巻七）と、一人の貴公子が綏子のもとにしのび通っていた。長徳年間（九九五〜九九九）のことである。

『尊卑分脈』一には「密通弾正大弼頼定《だんじょうだいひつよりさだ》（源）朝臣、其事露顕《ろけん》し退出す」（五六頁）と記されている。相手は源頼定である。清少納言に「かたちよき君達」（『枕草子』「にげなきもの」の段）と名指しで評されたほどの美男子だった。血筋も申し分ない。頼定の父は一品式部卿為平《ためひら》親王で、母は左大臣源高明《たかあきら》の娘とされる。藤原伊周《これちか》とも親しかった頼定は、長徳二年（九九六）四月二十四日に伊周が配流《はいる》になった際、連坐《れんざ》の末席に名を連ねるも処罰は軽かった。何よりも頼定の母方の叔母が、道長室源明子であった。道長も頼定を信頼し、長徳四年頃には道長側近グループの一員になったとされる。

『大鏡』四には、里に下がった綏子が妊娠しているとの噂を聞きつけた東宮居貞が、事の真意を確かめるよう道長へ依頼している様子が描かれている。それによれば、道長の様子がいつもと違うことに気づいた綏子が、几帳《きちょう》の陰に隠れようとした。ところが道長は几帳を押しのけ、「自分は真相を見届け、東宮に報告する。噂が嘘かもしれないのに、東宮がお耳になされたら、たいへん不都合である」と言葉をかけ、確かめようとした。『大鏡』には、「御胸を引きあけさせたまひて、乳《ち》を捻《ひね》りたまへりければ、御顔にさと走り懸《かか》るものか」と記されている。道長が綏子の胸元をひきあけ、乳を絞ると、顔に母乳が勢いよく飛びかかった。道長は何も言わず、そのまま立ちあがった。東宮居貞も綏子に対して特段のおとがめはしていない。

　この事件後、長保四年（一〇〇二）八月二十三日に綏子は内裏に参入している。この参入は短時間で終わっている。ただ、綏子のそばには、この時左大臣だった道長が控えていた（『本朝世紀』）。二年後の寛弘元年（一〇〇四）二月には、綏子が三十一歳で死去する。道長は葬送料の絹などを送り（『御堂関白記』）、三ヶ月間の喪に服した。綏子の法会が、同年三月二十三日に法興院《ほこいん》で行われた。道長は三十人の僧に布施料を送っている（『御堂関白記』）。

　綏子の相手である頼定は寛弘六年（一〇〇九）三月二十日に参議に列せられたものの（『公卿補任』）、三条天皇の治世には冷遇されたようだ。しかし、後一条天皇の時代になると、大嘗祭《だいじょうさい》主基《すき》国《こく》国司の労により長和五年（一〇一六）十一月十四日に正三位に叙されている（『公卿補任』）。備中権守や勘解由使《かげゆし》長官などを兼ね、寛仁四年（一〇二〇）四月二十二日には検非違使別当《けびいしべっとう》となり、同年六月十一日に死去した。『僧官補任』に見える頼定の子・頼賢大僧都《らいけんだいそうず》の母は綏子とされる。のちの時代認識では「密通」とされる行為が、親族関係に大きな亀裂をもたらす行為ではなかったことに注意しておきたい。

四　道綱母養女

兼家の第四女は源兼忠女《かねただ》との間に生まれている。藤原某女とも、道綱母養女、あるいは源兼忠孫女ともいう。ただ事跡が全く分からないので、仮に第四女としておく。

一説には、寛和二年（九八六）年七月五日に詮子が皇太后となったとき、宣旨《せんじ》に補されたとされる（『栄花物語』巻三、『平安時代史事典』資料・索引編「日本古代後宮表」）。『尊卑分脈』一には兼家の子女は四人で超子・詮子・宣旨・綏子とある（五六頁）。この記載の順番が正しければ、宣旨は綏子より年齢が上ということになろう。

この宣旨を『蜻蛉日記』に見える源兼忠女腹の娘、つまり道綱母養女にあてる理解がある。もっとも全くの別人とする考えも提出されている。すなわち道綱母が時姫に対抗するため、あるいは「后《きさき》がね」とするために養女を迎えたとされてきたが、それらの理解は、道綱母への先入観から出たもので、道綱母はますます孤独になる自らの晩年を思い養女を迎えたのだから、皇太后詮子に仕えた「宣旨」とは同一人物ではないとする見解である。

今少し別人説をとって話を進めてみよう。道綱母は、兼家の落胤が近江の志賀山《しがやま》の麓にいるとの話を聞きつけ、探し出して養女とした。兼家には事前の相談も、承諾もとらず、自らが思い立ってのことだった。時期は、兼家が詮子入内のことで気を揉んでいた天禄三年（九七二）二月のこととされる。

兼家との縁が切れていた源兼忠女とその孫女は、源兼忠女の異腹兄とされる血縁の崇福寺《すうふくじ》の禅師《ぜんじ》を頼って近江にいた。養女は十二、三歳になっていた。とするならば、詮子よりも少し年長になるらしい。源兼忠女には出家の意志があり、道綱母の申し出をとくに拒んだ様子はない。

道綱母が養女を迎える当日、偶然にも兼家が養女と対面してしまった。道綱が兼家に知らせたのではないかともされる。対面後、兼家は手紙では「小さき人はいかにぞ」と気遣い、口頭では詮子と一緒に裳着《もぎ》を行う意志を見せている（『蜻蛉日記』下巻）。また『蜻蛉日記』には、天延二年（九七四）頃におこった求婚譚が描かれている。養女への求婚者は、兼家異母弟の藤原遠度《とおのり》である。この婚姻は、兼家の許諾は得られたものの、道綱母が養女の幼さなどを理由に婚姻の承諾を与えないうちに頓挫した。『蜻蛉日記』には以後、この養女の行方は記されていない。

たとえば皇太后詮子に仕えた「宣旨」が道綱母養女であったとすると、この宣旨は、晩年の詮子が石山寺に詣でた際の牛車に同乗し、詮子が最後の石山詣になることを予感して詠んだ和歌に返歌するなど、詮子と深く関わりのあった姿が写し取られている（『栄花物語』巻七）。

別人説をとるか、同一人説をとるか。いずれにしても道綱母養女は、兼家のむすめたちのなかでは、兼家の邸宅を里第とし女御や東宮妃となった超子・詮子・綏子とは異なる立場に置かれていたことは疑いないだろう。

主要参考文献

加藤友康「藤原道長――王朝の栄華を生き抜いた六十二年」元木泰雄編『古代の人物6　王朝の変容と武者』清文堂出版、二〇〇五年

倉田実『蜻蛉日記の養女迎え』新典社、二〇〇六年

倉本一宏『三条天皇』ミネルヴァ書房、二〇一〇年
阪口玄章「蜻蛉日記人物考」『国語と国文学』九‐六、一九三二年
東海林亜矢子『平安時代の后と王権』吉川弘文館、二〇一八年
高松百香「女院の成立――その要因と地位をめぐって」『総合女性史研究』一五、一九九八年
高群逸枝『招婿婚の研究』大日本雄弁会講談社、一九五三年
角田文衞『承香殿の女御』第七章「頼定の過去」中央公論社、一九六三年
角田文衞「紫式部の本名」『角田文衞の古代学1　後宮と女性』古代学協会、二〇一八年（初出一九六三年）
野口孝子「麗景殿の尚侍藤原綏子について」『古代文化史論攷』四、一九八三年
橋本義彦『平安貴族』平凡社、一九八六年
伴瀬明美「東三条院藤原詮子――『母后専朝事』」元木泰雄編『古代の人物6　王朝の変容と武者』清文堂出版、二〇〇五年
服藤早苗『平安王朝社会のジェンダー』校倉書房、二〇〇五年
服藤早苗『藤原彰子』吉川弘文館、二〇一九年
丸山裕美子「『源氏物語』にみる女房・女官の制度」『お茶の水女子大学グローバルリーダーシップ研究所比較日本学教育研究部門研究年報』一四、二〇一八年

第四章

正妻源倫子

◉妻として、母として、同志として

東海林亜矢子

一　理想的な年上妻

藤原道長の正妻は源倫子である。強大な権力を握った道長であるが、その結婚は倫子のいわゆる玉の輿ではなく、むしろ逆であった。結婚時、夫より二歳年上だった二十四歳の倫子は、天皇の曾孫であるから藤原氏の夫より血筋が上で、現職左大臣の長女であるから摂政五男坊（正妻の三男）の従三位左京大夫の道長より格上であった。それゆえ倫子の父源雅信《まさのぶ》は「口わき黄ばみたるぬし（青二才）」道長の求婚を「あなもの狂ほし」と当初は取り合わなかった。それでも、道長を気に入っていた倫子の母藤原穆子の強力な後押しで婿として迎えられると、道長の父藤原兼家《かねいえ》が「位などまだいと浅きが、かたはらいたきこと、いかんせん」と恐縮したという（『栄花物語』巻三）。道長の長兄藤原道隆《みちたか》の正妻は従三位非参議（後に従二位）高《たか》階成忠《しなのなりただ》の娘、次兄藤原道兼《みちかね》の正妻は従四位上大蔵卿藤原遠量《とおかず》の娘であるから、倫子の出自の良さは明らかである。

倫子の父雅信は宇多源氏で、円融朝末期に左大臣となり、一上《いちのかみ》（公事《くじ》を執行する筆頭公卿）を長く務める実力者であった。その正妻である母穆子は、小倉百人一首の歌人でもある中納言藤原朝忠《あさただ》の娘である。結婚当初、道長は倫子が両親や同母妹と住む土御門殿《つちみかどどの》に通っていたようだが、まもなく雅信らが本宅を一条殿に移した。京極殿、上東門邸《じょうとうもん》とも呼ばれ、後に娘彰子の院号の由来となる名邸土御門殿は倫子が伝領し、長く道長・倫子夫妻が同居する本宅となる。雅信・穆子は別居後ももちろん婿の生活の世話を続け、穆子が終生、婿のために夏冬ごとに夜と昼の装束を一揃いずつ贈り続けたのは有名な話である（『栄花物語』巻十二）。倫子との結婚は経済的にも道長の助けとなったのである。

さて、道長が摂関期の権力者となるために最も必要であったのは、后がねの娘であった。永延元年（九八七）十二月十六日に結婚した倫子は（『台記別記』久安四年〈一一四八〉七月三日条）、翌二年、長女彰子を生む。結婚相手となる一条天皇がすでに九歳であることを考えれば、結婚一年以内に嫡出の娘を得られたことは大きな幸運であった。ちなみに次妻源明子が第一女を生むのは、この十一年後のこととなる。

倫子はその後、正暦三年（九九二）に長男頼通を生み、さらに同五年に妍子（三条天皇后）、長徳二年（九九六）に教通、長保元年（九九九）に威子（後一条天皇后）、寛弘四年（一〇〇七）に嬉子（後朱雀天皇の皇太子時代のキサキ）を生む。末子を生んだのが、長女の初産の前年、倫子四十四歳の時であるから、倫子がいかに多産で健康かわかろうものである。そして入内する女子は多い方がよいが、後継者となり得る男子は多いと権力争いのもととなり、少ないと乳幼児死亡率が高い当時は心配であることを考えると、二男四女はほぼ完璧であろう。結果、倫子の娘はすべて天皇もしくは皇太子に入内し、男子は関白になる。子を生む妻としても倫子は理想的であった。

さて、舅兼家が正暦元年（九九〇）に亡くなると、夫の同母兄道隆が摂関を継いだ。道隆の中関白家《なかのかんぱくけ》は後に政敵となるが、道隆自身は十三も年下の末弟に含むところはなく、娘定子の中宮大夫を任せるほどであった。いまだ左大臣として廟堂で重んじられていた倫子の父雅信の後ろ盾も大きかったかもしれない。道長は従二位権大納言と順調に出世していった。倫子自身は国の政治とは関係ないところで、正妻として権大納言家を切り盛りし、夫や子どもたちの世話をしていたことであろう。

穏やかな状況が変化したのは、関白道隆が長徳元年（九九五）四月、四十三歳の若さで亡くなってからである。後を継いだ次兄道兼も数日で亡くなり、天皇生母詮子の強力な後押しのもと、内覧《ないらん》（文書行政上はほぼ関白に同じ）、ついで氏長者となったのは夫道長であった。道長はようやく三十歳、「口わき黄ばみたるぬし」と一度は結婚を却下されてからたった八年で政界トップに上り詰めたのである。残念ながら舅雅信は二年前に亡くなっていたが、道長に肩入れしてくれた姑穆子はさぞ自らの見る目の確かさに満足したことであろう。倫子は三十二歳、一男二女の母となっていた。

ところで、倫子が初めて叙位《じょい》されたのは、長徳四年正月、恒例の女叙位のことであった。内覧左大臣妻の初叙として違和感のない従五位上である。驚くのはこの年十月、一気に従三位に進められたことである。女院遷御賞、つまり、土御門殿や道長の一条第をしばらく御在所としていた東三条院詮子が、新造一条大宮院に遷御するにあたって、道長の関係者に叙位を行った一環であった。それ自体は恒例のこととはいえ、七階級特進はもちろん異例で、詮子が天皇に「三位の階を給うは如何《いかん》」と特別に頼んだためであった（『権記』十月二十九日条）。背景には翌年入内予定の娘彰子の存在があったに違いない。

彰子の入内は既定路線であるが、当時の後宮の状況は決して芳しいものではなかった。一条天皇にはすでに皇后藤原定子（道隆娘）がおり、実家が没落し中々内裏に入れないとはいえ寵愛篤く、天皇唯一の子脩子内親王を生んでいる。さらに女御として右大臣藤原顕光《あきみつ》の娘元子（母は村上皇女）、内大臣藤原公季《きんすえ》の娘義子（母は醍醐孫王）、御匣殿《みくしげどの》として亡き関白道兼の娘尊子（母は一条天皇乳母の従三位典侍《ないしのすけ》）が寵を競っていた。現代ならばまだ小学生の彰子を強引に入内させても当分は皇子誕生は望めないが、他のキサキへの、そして一条天皇への牽制とはなる。それゆえ道長、そして弟道長を後押しする詮子にとって、まずは彰子を女御の最上位に置くことは必須であった。この四ヶ月後、彰子は入内前としては前代未聞の従三位に叙されることになるが、その前段階として、それぞれ身分の高いキサキの母に後れをとらないよう倫子の位を上げる必要があったのであろう。三位とは、男性ならば公卿《くぎょう》であり、天皇御前に出られる身分であることは言うまでもない。入内した幼い娘を後見するため、倫子が参内する機会が出てくることを見越しての叙位でもあったろう。

長保元年（九九九）十一月一日、従三位藤原彰子が十二歳で入内する。宣旨《せんじ》により乗ったまま内裏に入ることが聴《ゆる》された輦車《れんしゃ》の中には、従三位倫子もいたはずである。『栄花物語』巻六によれば女房四十人、童女六人、下仕六人が付き従う例を見ない大行列であった。「いみじう選《え》りととのへ」られたお付きたちの選抜は道長と共に倫子が担ったことであろう。実際のところ、彰子付き女房の中には倫子の乳母子《めのとご》や親戚、女房などが多数入っていた。また「かがやく藤壺」と謳われるほどの豪華な調度や装束選びにも倫子は当然関わっていたことであろう。そして三日間の結婚儀礼と藤壺における饗宴が遂行されたが、そのために倫子が必要不可欠であったことは、終了した三日の夜に倫子が退出したことで、逆に明らかである。実はこのとき倫子は妊娠していた。しかも春日祭という神事前の内裏において妊者は忌まれる存在である。翌月に三女威子を出産する臨月近くの体で、神事に触れるぎりぎりまで内裏に滞在したということは、倫子が入内儀礼に深く関与していたことを意味する。道長にとって絶対に失敗することができない長女の入内において、身重の体をおして内裏で立ち働いてくれる倫子はさぞ頼もしい存在だったことであろう。

この二年後、天皇生母詮子が崩御する。父母を亡くし、若くして政界トップについた道長にとって、周りはライバルや年上でも目下の者ばかりであった。そのような中で常に自分を擁護し天皇に直接働きかけてくれた同母姉詮子の死は、さぞ堪えたことであろう。詮子のおかげで彰子は中宮となっていたが、その役を担うにはまだ幼すぎた。そこで彰子を盛り立て次代のために共に戦う同志のような存在になってくれたのが、妻倫子だったのではないだろうか。

それ以前の后母も、一律、従三位を与えられたように、参内すること自体は想定されていたと考えられる。例えば『枕草子』からは、皇后定子の母、関白道隆正妻の高階貴子がしばしば参内して定子の宮にいたことがわかる。しかし『御堂関白記』という倫子参内を記録する道長の日記が残っているという事情を考えても、ひと月に何度も内裏に滞在していたことが判明している倫子は、それ以前の后母とは異なっていたであろう。それは道長が同志として戦力となる倫子を意識的に参内させたからではないだろうか（以下、出典の記載がないものは『御堂関白記』による）。

初期の頃の倫子の活動で目立つのは、当時、一条唯一の皇子で生母皇后定子を亡くした敦康《あつやす》親王に関するものである。例えば寛弘元年（一〇〇四）は正月に敦康のお供をして参内、四月に敦康は倫子の車で賀茂祭行列見物、九月も参内に同行、十月は倫子の車で平野行幸見物、という具合である。もしもの時、つまり彰子が皇子を生まなかった場合の保険として、敦康は彰子の猶子となっていた。道長としては本来の外戚である中関白家に敦康を渡さないようにしなければならないが、いかんせん若い彰子に幼児の世話は難しいし、単なる女房にすべてを任せるわけにもいかない。そこで、高貴な出身の后母倫子を皇子の世話の陣頭に立たせることで、中関白家の関与を封じ込めたのではないだろうか。彰子が皇子を生まない可能性を考えれば、敦康との関係は道長政権にとって生命線となるかもしれない重大事であった。

結局、彰子は寛弘五年に敦成《あつひら》親王、翌六年に敦良《あつなが》親王と二人の皇子を生む。懐妊が一条天皇から道長に告げられると、倫子はその日のうちに参内していつも以上に大切に彰子のお世話をしたという（『栄花物語』巻八）。待望の皇子誕生直後、一条天皇は彰子と敦成がいる土御門殿に行幸した。この時、后母倫子は従一位に進められた。当時、一条女御の義子、元子は正二位、従二位であった。后や内親王は別格として、倫子が全臣下女性の最高位を手にしたのである。

その半月後の敦成の五十日《いか》祝の席のことである。酔った道長は彰子に、中宮様の父として私は悪くないでしょう、と語りかけたのに続き「母もまた幸ありと思ひて笑ひ給ふめり。よい男は持たりかしと思ひためり」とふざけて言う。彰子は微笑んでいたが、倫子は聞きにくいことをと思ったのかその場を去ろうとしたため「お送りしないと母君がお恨みになるから」と道長は急いで倫子の後を追っていったという（『紫式部日記』）。多くのものをもたらしてくれた理想の妻にやや頭があがらないこともあったのであろうか、酔いに紛れて良い夫だろうと自慢をする言葉に、道長と倫子の関係性が垣間見える場面である。

二　華やかな活躍

天皇外祖父となる道が見えてきた道長であるが、倫子の活躍はこの後も続く。『御堂関白記』を見ると倫子の登場の多さには驚かされる。「参内す。女方《にょうぼう》（倫子）之に同じ」「女方相共に参る」といった文章がたびたび登場し、道長と倫子が内裏に共に行き共に帰る例は枚挙にいとまがない。石山寺や清水寺に参詣したり、宇治に遊びに行ったり、方違《かたたが》えをするときも同行することが多い。行動を共にしていなくても「女方、中宮に参る」などと書き留めている。倫子の登場回数は実に三百を超える。道長は単に妻の動向を書いているわけではなく、大切な仕事上のパートナー倫子が、自分のために行動してくれているからこそ、書き留めていたのであろう。

さて、倫子のフットワークの軽さは平安時代の姫君としてはかなりのものであった。例えば長和三年（一〇一四）二月九日、内裏が炎上し、中宮妍子と東宮敦成は大内裏へと避難した。「中宮東宮、朝所《あいたんどころ》東舎に移御す。諸卿参入す。相府《しょうふ》北方（倫子）手輦《てぐるま》に乗り両宮に参入す」（『小右記』）と記すように、倫子は火事で騒然としている避難先にすぐ駆け付けた。道長は天皇御前で事態に対処していたから、大事な娘と孫のことを任せておける妻の行動に感謝したことであろう。

その三条朝における倫子の訪問先は、内裏藤壺を御在所とする次女の中宮妍子とその子禎子内親王、梅壺の皇太子敦成、その母で枇杷殿《びわどの》に住む長女の皇太后彰子とその第二子敦良親王と多い。例えば長和元年正月を見てみよう。三日に宿下がり中で東三条殿にいる妍子の許から土御門の自宅に戻り、九日には妍子の宮から枇杷殿の彰子の許に移動している。十一日には彰子の宮から妍子の宮に移動し、そのまま宿泊していたのか十四日に妍子の宮を出て自宅に戻っている。さらにいつ参内したかは不明だが二十六日には内裏の東宮敦成の許を出て自宅に戻り、二十九日にまた妍子を訪れている。当時はすでに老人とされた四十九歳のやんごとない女性としては、驚くばかりのフットワークである。

このような頻繁な移動記事でわかるように、いずれの宮においても倫子の存在は必要とされていたのであろう。前述の彰子入内の時のように、宴などの行事が終わると同時に退出している例もしばしば見られる。また、娘や孫の行啓《ぎょうけい》時の同車も多い。彼らの行啓は日次の選定から扈従者《こじゅうしゃ》への禄まで政治的な儀式と認識される。さらに同車は、天皇と母后の同輿《どうよ》（天皇・后・斎王にのみ認められる輿に一緒に乗ること）でも明らかなように、後見の所在を明示する政治的行為であった。生まれたばかりの敦成が祖母倫子と同車して内裏に入るのを見れば、第二皇子の背後の強力な後見体制と、第一皇子敦康の不運が人々に明示されるし（一条朝寛弘五年十一月十七日条）、懐妊した中宮妍子が宿下がりする際に倫子と同輿しているのを見れば、ますます栄える道長一家と斜陽の皇后娍子とその所生皇子たちの対比が明示されるのである（三条朝長和二年正月十日条）。「家の女一位（倫子）、御輿に候じること常の如し」と道長が書くように、倫子の同車は通例のことで、これらによって道長一家と王権の一体化、あるいは后や皇太子の後見体制の万全さを誇示できたのである。倫子の行動は道長の権力安定化の一翼を担っていたのである。

長和五年一月、敦成が即位して後一条朝になると、六月、倫子は道長と共に准三宮《じゅさんぐう》とされ、后と同じように年官年爵と封三百戸を給わるという経済特権が与えられた。天皇母后となった彰子の令旨《りょうじ》によるものであった。内親王以外の女性が准三宮とされたのは二例目、臣下女性としては史上初であった。彰子が父のみならず母倫子をも准三宮としたのは、ここまで尽力してくれた母への特別な感謝の想いがあったからかもしれない。この時、倫子は五十三歳であった。

後一条朝では、天皇外祖母として、倫子はこれまで以上に晴れやかな場面に登場する。即位式では、天皇と共に高御座《たかみくら》にのぼった母后彰子と同じ禁色の青色の唐衣《からぎぬ》に地摺《じずり》の裳《も》という華やかな装束でその場にいたと考えられる（長和五年二月七日条）。翌寛仁元年（一〇一七）には、三条皇子敦明《あつあきら》親王に代わり、倫子の孫、敦良が皇太子となる。半月後、天皇と皇太子としての兄弟初対面の儀が一条院内裏清涼殿で行われ、九歳の新皇太子は御帳台《みちょうだい》の兄天皇に拝舞し、その後、母后彰子にも拝舞した。「宮（彰子）並びに母、二間《ふたま》に御《おは》す」とあるように、倫子は彰子の傍らで見守っていた（八月二十一日条）。さらに翌年、後一条に入内した三女威子が立后されると、倫子が父から伝領した土御門殿に天皇・皇太子が行幸行啓し、太皇太后彰子と皇太后妍子も行啓した。道長が「この世をば」の歌を詠んだことでも名高いいわゆる三后対面にももちろん倫子は同席していた。治安二年（一〇二二）七月、道長の法成寺《ほうじょうじ》金堂供養に天皇の行幸、東宮・三后の行啓があった時も同様である。さらに翌三年十月十三日には倫子の六十賀が彰子主催で行われた。すでに出家している倫子のために法会が組み込まれた上、竜頭鷁首《りゅうとうげきしゅ》を浮かべて船楽を奏し、舞が舞われ、管弦の遊びも行われた。この華やかな賀宴には、ほとんどの公卿が参列している。三后と皇太子キサキ嬉子という四人の娘が母のために集まったことは言うまでもない。

このように倫子は摂関期のもっとも華やかな時代の中心にいた。後半生には四女嬉子、次女妍子、三女威子と三人の娘に先立たれるなどもちろん辛く悲しいことも多々あった。夫道長に死に別れたのは万寿四年（一〇二七）、倫子六十四歳のことであった。それでも三人の孫の即位を見て、最期まで世に重んじられた倫子はやはり「御幸ひきはめさせたまひたる」（『大鏡』）人生であったと言えるだろう。

三　倫子独自の活動

これまで述べてきたように、倫子は道長にとって無くてはならない同志、パートナーであった。ただし倫子の活動すべてが道長に付属していたかというとそのようなことはない。倫子は自分自身が位階を持ち国家から俸禄を支給される一人の貴族でもあった。

倫子は個人的にもかなり裕福であったはずである。従一位などの位階から発生する位禄や、准三宮の年官（官職推挙権）や年爵（叙五位権）などからくる収入があり、土御門殿のように両親から受け継いだ財産もあった。そして、それらを運用したり、倫子家としての家務を処理する家政機関である政所《まんどころ》を持っていた。「鷹司《たかつかさ》（倫子）の御時、別に彼の政所より御庄々に下文を遣はすなり。御堂（道長）御坐《おは》しますと雖《いへど》も別の政所を置き、家司に文を下す所なり」（『殿暦』康和三年〈一一〇一〉六月二十五日条）と玄孫藤原忠実《ただざね》の日記に書かれているように、道長の政所とは別に倫子自身の政所があり、倫子の家司が倫子の荘園に命令を下していたのである。

また、法会などの記録では諷誦料《ふじゅ》を奉った人の名が羅列されることが多いが、「諷誦は左大臣（道長）家・同北政所（倫子家）、信布各百端、……」（『権記』長保四年九月十七日条）というように、時に倫子は道長とは別に諷誦を出している。同じく道長とは別に五節《ごせち》担当者に贈り物をしたり（『御堂関白記』寛弘元年十一月十五日条）、荷前《のさき》を奉ったり（同長和元年十二月十三日条）という例も見える。さらに御堂を造営したり法会を主催したりもしている。例えば父雅信が建立して焼亡した仁和寺灌頂堂を再建し供養を行い（寛弘七年三月二十五日条）、母穆子の忌日《きにち》には一条第に渡って経供養を行う（寛仁元年七月二十六日条）。道長の助力もあったかもしれないが、倫子は道長とは別に経済活動を行うだけの財産と組織を持っていたのである。

さらに、倫子が実家の甥に位を譲った話も紹介しておく。一条朝の寛弘三年三月四日、前年末の内裏焼亡のため里内裏となっていた東三条殿から一条大宮院へ天皇が遷御するにあたって、東三条殿内裏の紫宸殿で花宴が開かれた。通例に従って家主道長の関係者に叙位がなされ、倫子も正二位に進められることになった。すると倫子は自身に与えられる階を源雅通《まさみち》に譲りたいと天皇に申し出たのである。雅通は倫子の同母弟の子で父雅信の養子でもある。「家女（倫子）奏す」と『御堂関白記』にあるから、道長を通すことなく、倫子自身が天皇に奏上したのであろうか。少なくとも居所である土御門殿から里内裏に参上して宴の場にいたわけである。倫子自身への叙位であるから、甥に譲ることは問題ないが、結局、一条天皇は「本意」あってのことだからと、倫子にも雅通にも位を与えたのであった。倫子は公的な宴の場で天皇と同じ空間にいて奏上できる立場であることが確認できる。禎子内親王誕生後に三条天皇が土御門殿に行幸した際にも、倫子は甥の源済政《なりまさ》に叙位を譲っている（長和二年九月十六日条）。倫子の存在は実家の宇多源氏にも恩恵をもたらしていたのである。

四　倫子という人

ところで、倫子はどのような外見の女性であったのだろうか。『栄花物語』正編の作者は倫子に仕えていた赤染衛門とも言われる。そのため、祖母となった四十五歳の倫子が「二十ばかりに見えさせたまふ」（巻八）という賛美についてはやはり割り引かなくてはなるまいが「ささやかにをかしげにふくらかに（小柄で美しくふっくらして）」との特徴はまったくの絵空事でもなかろう。さらに髪の多さ美しさは「御髪の筋こまやかにきよらにて」（巻八）、「世にたぐひなく長うべたうおはします」（巻十四）と何度も言及されている。言うまでもなく髪は当時の女性の重要な美の要素である。道長が「御女《むすめ》の君達の御さまには劣らぬ御有様にこそ若やぎたまへれ。なほ御髪の有様よ」と称賛する台詞もあるから、背に余る美しく長い黒髪を持っていたのであろう。

内面的なものはどうであろうか。『紫式部日記』には、娘の女房である式部に対して、重陽《ちょうよう》の節句の日に老いをぬぐうという菊の着せ綿を贈ったり、宿下がり中の式部に、早く戻りますといったのに、と帰参を促す文を送ったりと気を配っている倫子が描かれている。

また『栄花物語』には、娘のところに宮仕えしてくれるよう、故太政大臣為光《ためみつ》四の君（藤原儼子）に対して「殿の上（倫子）ぞつねに音なひきこえさせたまひ」「殿の上のご消息たびたびありて」（巻八）、故関白道兼娘に対しても、通常の宮仕えではなく娘の話し相手としてぜひ、と文を送る様子が描かれている（巻十四）。良い人材を集めるために積極的に動いていることはもちろんだが、娘の女房にも細やかに気を遣う気配りの人であることがうかがえる。絶世の美女というわけではなさそうだが、小柄でふっくらとしていて、育ちの良さが表れるような手入れの行き届いた若々しい容姿をもち、相手の気持ちに寄り添うことができる優しい人柄の女性だったのではないだろうか。そしてこれまで見てきたように、おっとりとした深窓の姫君というよりは、賢くて行動力がある健やかな女性であったように感じる。

ところで、権力者道長の同志として、娘たち孫たちを大いに後見し盛り立てた倫子であるが、彼らを権力掌握のコマのように扱っていたということではもちろんない。最後に、子どもたちへの倫子の愛情が伝わる話を『栄花物語』からいくつか紹介しよう。

例えば、初孫の敦成誕生の際には、臍の緒を切る役は仏罰を受けると認識していたのにもかかわらず「うれしさに何事もみな思しめし忘れさせたまへり」と仏罰のことなど忘れてしまって自ら務めた姿が描かれている（巻八）。また、二十四歳の頼通が重病と聞くと、一度は道長に止められても、動転しながら頼通邸に行き、薬湯を飲ませて幼子のように抱いて看病をしたり（巻十二）、嬉子薨去時には亡骸を抱きしめて前後不覚になり、頼通・教通が飲ませようとした薬湯を戻してしまい大騒ぎになっている。道長と二人で遺体から離れずに泣き続ける様子は胸を打つ（巻二十六）。また、母より先に旅立った、彰子以外の三人の娘はみな倫子の邸で亡くなっているから、最期まで看病をしたのではないか。妍子は死の直前に倫子がいた小南第に遷っており、方角等の影響もあろうが、母娘の関係が非常に良かったことがうかがえる。情愛深い母であり、娘たちからも信頼を受けていたのであろう。

六人の子を生み育てた上に、彰子の猶子であった敦康を含め、孫にあたる皇子女の様々な場面に付き添い、頼通の非嫡出子通房《みちふさ》も自邸に引き取って育てた。頻繁に宮中に出入りし娘たちの宮の家政も面倒を見た上に、権力者の妻として家政をつかさどり自分自身の政所ももち、貴族間の付き合いをこなし、仏事にいそしみ、実家にも、娘の女房たちにも気を配る……九十歳まで生き抜いた倫子は、実にパワフルで情愛深く生き生きとした女性だったことであろう。そして、日記に妻のことを多く記した道長にとって生涯にわたり公私ともに最良のパートナーだったことであろう。

倫子は天喜元年（一〇五三）六月十一日、薨去した。長女上東門院彰子、長男関白左大臣頼通、次男右大臣教通、養子権大納言長家《ながいえ》（次妻明子の子）に看取られ旅立ったという（『定家朝臣記』）。孫の後朱雀と末娘嬉子の間に生まれた後冷泉天皇の治世のことであった。

主要参考文献

野口孝子「摂関の妻と位階――従一位源倫子を中心に」『女性史学』五号、一九九五年
服藤早苗『平安朝の家と女性――北政所の成立』平凡社、一九九七年
東海林亜矢子「摂関期の后母――源倫子を中心に」服藤早苗編『平安朝の女性と政治文化――宮廷・生活・ジェンダー』明石書店、二〇一七年

第五章

道長が愛した女性たち

◉次妻源明子、ツマ藤原儼子・藤原穠子・源重光娘

東海林亜矢子

藤原道長が正式な婚姻関係にあった「妻」は、正妻源倫子の他には生涯通して源明子一人のみであった。一方、妻とは言えないものの情愛を交わした相手として確定できる女性は複数いる。本章では、これら道長のツマたちや次妻を取り上げる。

なお、「妾」「愛人」という語もあるが、当時は妻・妾ともに読みはツマであり、少なくとも道長は両字の区別せずに使用していたという。そこで本章では、ある程度の期間、道長と性愛関係にあったであろう女性たちを便宜上、「ツマ」と呼ぶこととする。まずはそのツマたちから見ていこう。

一　藤原儼子

長和四年（一〇一五）九月二十日、三条天皇は新造内裏への遷御にあたって、里内裏として枇杷殿《びわどの》を提供

していた道長の関係者に叙位《じょい》を行った。大納言藤原実資《さねすけ》は道長自筆の叙位簿を見て『小右記』に書き留めており、道長の娘のうち倫子腹の嬉子、明子腹の隆子（尊子）が従三位に、藤原儼子・穠子が正五位下に、藤原教子・時子・亮子・源和子が従五位上に叙されたことがわかる。道長の『御堂関白記』はもう少し詳しく、従五位上の四人のうち前二人は三条皇女禎子内親王の乳母であり、後二人は家人であると記す。しかし正五位下の二人については「――子・――子、是、故一条太政大臣の御女子等也」とし、道長が叙位簿に書いたはずの名前を伏せている。そもそも十年以上前に亡くなった太政大臣藤原為光《ためみつ》の娘たちに、なぜ道長への勧賞《かんしょう》として内親王乳母より高い位が与えられたのであろうか。実はこの時、姉妹は二人ながらに道長の子を懐妊していた可能性が高いのである。

藤原儼子・穠子姉妹の父為光は、村上朝の右大臣藤原師輔《もろすけ》の九男で、母は醍醐皇女雅子内親王である。つまり道長の叔父にあたる。為光の娘には平安時代史では有名な事件に関連する〝傾国の〟美女がいる。一人は次女の花山朝弘徽殿《こきでん》女御忯子で、花山は忯子を愛するあまり、その死に落胆して内裏を出奔し剃髪してしまう。この前代未聞の退位劇、寛和《かんな》の変（九八六）の裏にいた皇太子外祖父藤原兼家《かねいえ》（道長の父）の目論見通り、すぐに一条天皇が即位し、兼家は摂政となり権力を握ることとなる。さらに長徳《ちょうとく》の変の発端となった長徳二年（九九六）正月の花山法皇闘乱事件に関わるのが、三女と四女である。花山は亡き忯子の妹にあたる四の君に通っていた。一方、三の君に通っていたのが故関白道隆《みちたか》（道長の兄）の子藤原伊周《これちか》である。しかし、伊周は花山が自分の恋人に通っていると誤解し、追い払うために弟隆家《たかいえ》が法皇を襲うという暴挙に出た。これを理由の一つにして伊周と隆家は配流となり中関白家《なかのかんぱくけ》は没落、皇后定子所生の敦康《あつやす》親王ではなく、中宮彰子所生の敦成《あつひら》親王が皇位を継ぎ、その外祖父道長が長く権力を掌握することに繋がっていく。

この花山法皇が通っていた四の君が藤原儼子なのである。儼子は寛弘五年（一〇〇八）の法皇崩御後、「殿の上（倫子）の御消息たびたびありて、迎へたてまつりたまひて、姫君の御具になしきこえたまひ」と倫子腹次女妍子の話し相手として道長邸に迎えられた（『栄花物語』巻八）。太政大臣姫君という格と教養を持つ儼子が東宮妃に入内する妍子にとって得難い戦力になると判断し、倫子は熱心に勧誘したのであろう。ところが、娘の女房となった儼子を道長は我が物としてしまう。しかも道長は「いとまめやかに」「家司などもみな定め、まことしう（本格的に）もてなし」たのである。そのため儼子の兄たち、同母兄公信《きみのぶ》（妍子入内時に従四位上右少将）や異母兄斉信《ただのぶ》（一条朝の四納言の一人で、同じく正二位権大納言）は「このたびは」立派にお世話申し上げたという。相手が権力からはずれた花山法皇の時は知らぬふりで権力者道長の時は態度を変えるというのは、道長への忠勤に励んだ斉信らしい処世術であるが、儼子としては複雑だったことであろう。

とはいえ儼子は道長の正式な妻ではなく、その死も道長の日記に触れられていない。『小右記』には記されているが「春宮大夫斉信卿妹、亡ず。懐妊し未だ産ならずと云々。参議公信同腹なり」と道長との関係には言及していない。一方、『大鏡』には「四の御方は入道殿（道長）の俗におはしましし折の御子うみて、うせ給ひにき」とあるから、懐妊していたのは道長の子であったことがわかる。出産まで至ったのかは両者で異なるが、いずれにしても子も助からなかったと考えられる。

この儼子の死は長和五年正月二十一日、つまり三条譲位・後一条（敦成）践祚《せんそ》の直前、すでに譲位の定《さだめ》が行われ、八日後の代替わりに向かって粛々と動いているタイミングであった。そのため人々の関心は儼子の死そのものではなく、それによって生じる服忌《ぶくき》に集中していたことが『小右記』に詳しい。兄にあたる、皇太子敦成の大夫である斉信や参議の公信が着服し出仕できなくなるため、斉信は死の当日、譲位・践祚となった時にどうすればよいでしょうか、と道長に相談している。一方、道長は儼子と正式に結婚していたわけではないからその関係で喪に服する必要はないが、血縁上、イトコにあたる。また右大臣藤原顕光《あきみつ》もイトコ、内大臣藤原公季《きんすえ》は叔父であるから、三大臣ともに服喪の必要があるのではと中納言藤原行成《ゆきなり》が心配していた。結局、道長の「気色《けしき》」つまり明言はしないが態度からわかる意向によって、誰一人着服しないで譲位・践祚のことに当たれるように、儼子の死そのものを隠すことに決定したのであった。その死まで日陰の扱いと言いたくなるような対応であった。

最後に儼子の生年を考えてみたい。九七七年生まれの公信が同母兄であるため（『小右記』長和五年正月二十四日条）、上限の九七八年生まれならば花山が通い始めた時に十九歳となる。数えで十五歳となる九八二年生まれあたりがこの下限であろうか。つまり道長のツマとなったのは二十九歳〜三十三歳、懐妊中もしくは出産時に亡くなったのが三十五歳〜三十九歳となる。日本文学の世界では三十歳床離りなどという話題もあるようだが、倫子が四十四歳、明子も四十二歳まで出産していたことも考えると、少なくとも道長は若さよりも成熟した女性に魅力を感じる人物だったのかもしれない。

二　藤原穠子

儼子が亡くなった三ヶ月後、その同母妹にあたる為光五女の穠子が道長の子を懐妊していることを『小右記』が伝える。長和五年（一〇一六）四月の摂関賀茂詣《かもうで》に道長が不参であった理由が穠子の異常な妊娠ゆえだというのだ。「懐妊の後、已に十六箇月、未だ聞かざるの事なり。件の五君は宦事也。言うに足らず」と取るに足らない女房身分の穠子のせいで、道長が摂政としての務めを果たさないことに不快感を示している。六月の祇園臨時祭にも道長は参詣していない。妊娠十八ヶ月という異常事態に「世、以て恠《かい》と為」したという。ただ、この話題はこれ以降見えないので、ほどなく穠子の妊娠状態は解消されたのであろう。想像妊娠だったのであろうか。

上述のように儼子が道長の子を懐妊したことを載せる『大鏡』は、続く穠子については「五の君はいまの皇太后宮（妍子）にさぶらはせたまふ」とのみ記し、ツマとして世話を受けた姉とは異なり、穠子はあくまで女房としての立ち位置だったという見解のようである。穠子が三条中宮妍子の許に出仕したのは、長和二年に禎子内親王が生まれ人員を増やした際のことであった（『栄花物語』巻十一）。もともと文徳源氏の正四位下左馬権頭源兼資《かねすけ》の妻となっていたが、長保四年（一〇〇二）に死別していた。妍子女房としての実態が不明の姉とは異なり、穠子は「五の御方」と呼ばれ、妍子の宮の中でかなり重んじられた上臈《じょうろう》女房であったことがわかっている。異常妊娠から五年ほど後の治安年間（一〇二一〜）には妍子の枇杷殿の西の対に部屋をもらい、皇太后や内親王に親しく近侍していたようである（以下、『栄花物語』巻十六）。妍子の宮で行われた法華経書写を女房が担当する際は最初の序品《じょほん》を割り当てられ、その供養のために道長の無量寿《むりょうじゅ》院《いん》に向かう際にも「五の御方をはじめたてまつり」と真っ先に名が挙がる。その後も、妍子の枇杷殿遷御の際は禎子内親王と、法成寺《ほうじょうじ》金堂供養のための遷御では妍子と禎子内親王と、禎子の裳着《もぎ》のために土御門《つちみかど》殿《どの》に遷御する際にも「御車に宮の御前（妍子）、一品宮（禎子内親王）奉りて、五の御方仕うまつりたまへり」とたびたび同乗している。妍子の信頼も厚かったのであろう。

それにしても冒頭に挙げた儼子・穠子の叙位記事は、太政大臣の娘という尊貴な身分の姉妹を同時に妊娠させたことへの道長なりの気持ちだったのであろうか。正五位下という位にあれば多少なりとも国家から俸給が入るであろうから、子を育てるにあたって便宜が図れるということもあったのかもしれない。ただし、結局二人とも無事に子を生むことはなかったのである。

三　源重光娘

『大鏡』は道長の子女を「男女あはせたてまつりて十二人」とする。源倫子と源明子の所生子たちである。が、道長にはもう一人子がいた。十三人目に生まれた七男長信《ちょうしん》である。その母は源重光《しげみつ》娘であることが『尊卑分脈』からわかっている。

その父重光は醍醐天皇の孫で正三位権大納言、母は不明である。重光の別の娘は内大臣藤原伊周の正室となり、重光は自身の権大納言を伊周に譲って致仕《ちし》するほど婿を盛り立てていた。しかし長徳の変（九九六）で伊周は配流、重光の子源明理《あきまさ》も一時、昇殿《しょうでん》を停められ、二年後、重光は失意のうちに亡くなる。七十六歳であった。長信の出生が長和三年（一〇一四）であることを考えると、重光女は父の晩年の子で、婿取り時期には父が亡かったのであろうか、結婚歴は系図等にも伝わらない。重光娘については他に何の情報もなく、なぜ道長の子を生むに至ったのかも不明である。兄明理の別れた妻は彰子に仕えた大納言の君源廉子であり、その子で、重光娘の姪に当たる小兵衛も彰子の女房であったから、そのような縁から道長周辺に出仕し、その目に留まった可能性はあり得るかもしれない。

長信が生まれた時、道長は四十九歳、内覧左大臣で皇太子の外祖父であった。しかし長信についても『御堂関白記』などの古記録、『栄花物語』や先述の『大鏡』にもまったく記載はない。重光娘が正式な妻でないのは言うまでもないが、長信出産の翌年に叙位された藤原儼子・穠子のようなツマ的な扱いもされていなかったのだろうか。長信を生んですぐに亡くなったのかもしれない。

最後に、池辺僧正と呼ばれた長信について紹介しておく。『東寺長者補任』や『本朝高僧伝』によれば「入道大相国道長息」長信は、仁和寺にいた正妻源倫子の兄扶義《ふぎ》《すけよし》の子、延尋《えんじん》（源簾子の兄弟）のもとで出家し弟子になる。延尋は万寿四年（一〇二七）に東寺《とうじ》長者となるため、それ以前、つまり長信十四歳までに出家したことになる。おそらく幼い時に俗世を離れたのであろう。身分の低い女性との間に生まれた子を仏門に入れ一族への仏の加護を願うことは当時の貴族社会ではよくあることであった。

長信は四十二歳で真言宗の最高位である東寺長者となり、延久四年（一〇七二）に五十九歳で入滅する。後冷泉朝治暦二年（一〇六六）に旱魃《かんばつ》が続いた際には雨乞いのために神泉苑《しんせんえん》で孔雀経法《くじゃくきょうほう》を修し大雨を降らせ、後三条朝の延久三年には勅によって住んでいた円宗寺《えんしゅうじ》に行幸があり二十五戸を賜ったという。両天皇にとって祖母上東門院彰子の異母弟であることは少しは関係があったのであろうか。古記録等に頻出する僧が多い中、僧正にまでなった道長の子が全く登場しないのは、やはり母の立場が大きく関係しているのであろうし、長信は正式には道長の子として扱われなかったのかもしれない。

以上、道長のツマ三人を紹介した。しかし道長の日記『御堂関白記』に彼女たちの記述はない。儼子の死と服忌についても全く触れていないし、穠子の異常懐妊ゆえの祇園社不参も理由は「障り有り」とするのみである。叙位の記事ですら名を伏せている。道長は自身の日記に妻以外の女性との恋愛関係をほのめかすことは一切しなかったのである。

四　源明子

道長の妻である源明子は、もう一人の妻源倫子と同じく六人の子を生んだが、男子は初叙の位からその後の昇進にいたるまで、女子は結婚相手の身分など、明確な差がつけられていたことはよく知られる。『大鏡』に「この殿には、北の方二所おはします」とあっても、実家に道長を婿取りした後、終生同居し、行動を共にした倫子が正妻であり、明子はその次に位置する妻、いわゆる次妻あるいは妾妻（『小右記』長和元年六月二十九日条）なのであった。

明子の実父は醍醐天皇皇子の左大臣源高明《たかあきら》、母は道長の祖父にあたる師輔と醍醐天皇皇女雅子内親王の間に生まれた愛宮である。周知のように高明は安和《あんな》の変（九六九）で大宰府に流され政治生命を失う。母愛宮も変の後、都で出家し隠棲したため（『蜻蛉日記』）、明子は父の同母弟盛明《もりあきら》親王の養女となった。正式に皇籍に編入されたようで、花山天皇即位式においては本来皇族が務める褰帳命婦《けんちょうのみょうぶ》（高御座《たかみくら》の帳《とばり》を左右から開く役目）を奉仕し「右、明子女王〈前上総太守、盛明親王女〉」（『天祚禮祀《てんそれいし》職掌録』）と記されている。現在では一般に源明子と呼ばれているが、本名は明子女王に変わったと思われる。そのため「宮の御方」（『栄花物語』巻三、四）、「宮君」（『権記』長徳四年十二月二十五日条、長保元年七月三日条）と呼ばれ、『公卿補任』にも「従三位明子女王」（寛弘八年条）と記載されているのであろう。

さて、明子と道長の縁を結んだのは一条母后藤原詮子である。養父盛明親王が薨じた後、明子は詮子の東三条殿に迎えられた。東の対を特別にしつらえて、女房・侍・家司・下人まで別に宛て、養女のような待遇であったという（『大鏡』、『栄花物語』巻三）。そして、同母弟道長を非常にかわいがっていた詮子は二人の結婚を許し、明子の許に道長が通うようになったと考えられる。明子が結婚後に住んだ高松殿は父高明から伝領した邸で、詮子の東三条殿の南隣であった。これ以降、明子は高松殿と呼ばれるようになり、「高松殿［左府妾妻、陽明門］」（『小右記』長和元年六月二十九日条）のように近衛御門（陽明門）邸に移った後も同様であった。

さて、明子との結婚が倫子よりも早かったことがわかるのは『拾遺和歌集』にある次の和歌である。

年をへて　たちならしつる　葦鶴《あしたづ》の　いかなる方に　跡とどむらん　　愛宮

（長年こちらの潟に立ち馴れていた葦鶴が、今度はいったいどちらの潟に足跡を留めたのだろうか）

「左大臣（道長）が土御門《つちみかど》の左大臣（源雅信《まさのぶ》）の婿になって後、襪《しとうず》（足袋のような履物）を作るための型を取りによこしなさったので」という詞書《ことばがき》で明らかなように、こちらに通ってきていた葦鶴＝道長が左大臣雅信邸に通い始めたことを恨む内容であり、明子の方が倫子より先に結婚していたと判断できるのである。なお、この和歌に早くから注目した杉崎重遠氏は作者の愛宮は源明子を指すとしている。しかし出家したとはいえ愛宮が娘明子に代わって婿へ寄越した歌と考えても矛盾はないため、あえて勅撰集に記載された名前を娘とはいえ別人に充てる必要はないのではないか。

つまり先に結婚し、高貴な血筋で天皇生母の後見を持つ明子が正妻になれなかったことになる。それはもう一人の妻倫子が、一上《いちのかみ》を長く務め世の尊敬を集める現役の左大臣源雅信の正妻腹の長女であったためなのであろう。女王である明子ほどではなくとも高貴な出自の倫子は、財産家でもある実家によって父藤原兼家が恐縮するほど大切に道長をもてなし、結婚一年後には后がねの長女（彰子）を生むというほぼ完璧な妻であった。道長びいきの詮子としては、養女格の明子の存在を思っても、倫子を正妻とすることに異論を挟めなかったのではないか。明子は次妻として位置づけられることになったのである。

とはいえ、詮子は明子を変わらず大切にしていたようで、明子が懐妊すれば「宮の御方（明子）に宮（詮子）おはしまして」祈禱《きとう》の指図をしているし、明子の第一子頼宗《よりむね》が生まれれば「院の御前の乳母」が来て万事お世話をしたという（『栄花物語』巻四）。さらに頼宗とその次に生まれた顕信の着袴《ちゃくこ》儀は詮子が当時いた一条院の殿上で行われている（『権記』長徳四年十二月二十五日条）。「左府参り給ふ」と最後に付け加えるような書き方からは、本当の主催者は父道長ではなく詮子だったかのようである。

倫子が長女を生んだ五年後、明子は二十九歳の時に第一子頼宗を生むと、それ以降、顕信《あきのぶ》、能信《よしのぶ》、寛子、尊子（隆子）、長家《ながいえ》と四男二女を生む。末子出産時は四十二歳、かなりの高齢出産であった。八十五歳まで長生きしたことでもわかるように健康的な女性であったのだろう。倫子も四十四歳まで出産をし、九十歳まで生きたわけであるから、道長の女性の好みが少しばかり見える気がする。

明子腹の六人の子らに天皇生母詮子の後見が続いていれば、正妻倫子の子らに大きな格差を感じずに育ったのかもしれない。しかし明子と明子の子たちへの試練は、夫であり父である道長からもたらされた。

長保三年（一〇〇一）十月九日、東三条院詮子の四十賀が道長と倫子が同居している土御門殿で行われた。一条天皇の行幸をあおぎ、倫子の長女中宮彰子も臨席している。目玉の一つが道長の子らによる童舞《わらわまい》で、倫子の長男頼通《よりみち》と明子の長男頼宗が舞ったのであった。すると特に素晴らしかったということで頼宗の師だけが天皇から五位に叙爵《じょしゃく》されたため、道長が激怒して席を立ってしまうという事件が起きる。場はすっかりしぼみ、宿泊予定の天皇は道長に促されその日のうちに内裏に還ってしまう。人々は「愛子、中宮弟、当腹《むかいばら》の長子」である頼通より「外腹の子、其の愛は猶ほ浅」い頼宗が誉められたことが気に入らなかったからだろうと噂したという（『小右記』）。実は頼宗師の叙爵は、『大鏡』によれば詮子の意向であり、「いみじくかなしがりまさせ給へばとぞ」つまり自らの養女格明子の子頼宗を幼いころからかわいがってきたためだったのだ。その事情を知っていたのかはわからないが、道長にしてみれば、亡き皇后定子が生んだ第一皇子敦康《あつやす》を彰子の猶子《ゆうし》とするなど（『権記』同年八月二日条）次代の母后、次代の摂関に向けて大事な時期であった。この四十賀にしても、実資には批判されているが、本来は詮子御在所で行うべきなのに前夜に彰子がいる道長邸に渡御してもらい、そこに天皇の行幸をあおぐという変則的なことをしている。それも彰子の立場をクローズアップする目的があったのであろう。せっかくのその場で正妻が生んだ自分の後継者の頼通が軽んじられることは、同母姉彰子のためにもならないと考えての怒りだったのではないか。上手に舞ったのに父の怒りを間近で見せられた頼宗が非常に気の毒であるし、それを伝え聞いた明子もさぞ落胆したことであろう。ちなみに倫子は東の対から見ており「北政所（倫子）すこしむづからせたまふ（ご機嫌を損じた）」（『大鏡』）という。

　この三ヶ月後、詮子は崩御した。明子とその子らは大きな後ろ盾を失った。道長は遠慮なく倫子の子と明子の子の処遇に差をつけることができるようになったとも言える。ただしそれはあくまで両者を比較した場合であって、明子の子らの初叙は従五位上であり、道長自身や伊周など近年の摂関の子孫の従五位下より高い。道長の意図は、正妻制を確立して嫡男嫡女を決定し権力や富を集中させ、同母の后と後継者が連携しながら、長く自家の安泰を確保することであり、そのための家内秩序の維持だったのではないだろうか。もちろん明子腹の子がかわいくないわけでも、貶めたいわけでもなかろう。例えば、明子腹の顕信が突然比叡山で出家した時には、すぐに明子の許を訪れ「母（明子）・乳母不覚なり。見るに付《つ》け、心神不覚なり」と明子と共に正気を失うほどに悲嘆にくれている（『御堂関白記』長和元年正月十六日条）。また、明子の第四子寛子が後一条天皇大嘗会《だいじょうえ》御禊《ごけい》の女御代《にょうごだい》を務めた翌日には明子の許へ行き女御代のことを「相語」らっている（同長和五年十月二十四日）。また、子に関係なく、病気の明子を見舞った記事も残っている（同寛弘六年七月十九日条）。日記には滅多に表れないが、明子に寄り添う道長の姿もまた間違いない事実であり、それゆえ六人もの子を成したということであろう。

『御堂関白記』において、正妻倫子の登場の多さに比べれば明子への言及は微々たるものではあるが、日記に一切現れない他のツマに比べると、その立場の違いは明らかである。特に、皇太子を退き上皇待遇となった小一条院《こいちじょういん》敦明《あつあきら》親王と娘寛子との結婚前後からは『御堂関白記』はじめ『栄花物語』などへの登場も増える。婚儀の時は道長が付きっきりであっても、明子の近衛御門邸に婿取るのであるから明子もいろいろ差配したことであろう。露顕《ところあらわし》の時は自ら小一条院の陪膳《ばいぜん》を務めてもいる（『御堂関白記』寛仁元年十一月二十四日条）。また、道長が同居していない以上、日常的に小一条院の身の回りに気を配り、邸を経営するのは明子の役目である。例えば正月の支度のために、年末に小一条院の乳母たちにまで正月の装束の他様々な贈り物をしている（『栄花物語』巻十三）。末子長家が近衛の使《つかい》を務めた際、明子は道長とは別の桟敷《さじき》を作り小一条院と共に見物をしている（『御堂関白記』寛仁二年四月二十二日条）。さらに法性寺《ほうじょうじ》五大堂にも共に参っており（同十月五日条）、小一条院との良好な関係がうかがわれる。妻の実家として婿小一条院の世話や差配は明子が担うことも多かったであろうが、しっかり行えていたからこそであろう。その意味でも、明子は道長の妻として子を育て家を盛り立てる役割を十分果たしていたのである。

さて、万寿二年（一〇二五）に寛子が亡くなると、小一条院は明子の孫にあたる頼宗娘を妻とする。一方、明子は万寿元年に結婚した二女尊子と源師房《もろふさ》が同居している家に遷っていた(同四年四月十五日条)。この年の末に道長も亡くなり、これ以降の明子についてはほとんど伝わっていない。

明子が亡くなったのは後冷泉朝の永承四年(一〇四九)七月二十二日のことである。享年八十五歳と長命であった。第二子顕信と第四子寛子には先立たれたものの、頼宗、能信、尊子、長家が存命で孫も大勢生まれていたから、寂しくない最期だったのではないだろうか。

主要参考文献

梅村恵子「摂関家の正妻」青木和夫先生還暦記念会編『日本古代の政治と文化』吉川弘文館、一九八七年
倉本一宏「『御堂関白記』の「妻」と「妾」について」『愛知県立大学説林』六五、二〇一七年
杉崎重遠「愛宮考」「高松上」『勅撰歌人伝の研究』東都書籍出版、一九四四年
増田繁夫「十世紀後半の貴族社会の婚姻制度」『源氏物語と貴族社会』吉川弘文館、二〇〇二年

第六章

道長の長女彰子の一生

◉天皇家・道長一家を支えて

服藤早苗

一　深い信仰心の継承

不断の御読経五日ありて果つる日（最後の日）、殿の御前なる紙に書かせ給ふ

37　あな尊《とう》と法《のり》の広まる君が代は限りなきまでおもほゆるかな（ああ尊いことです。仏法の広まるあなたの御世は、限りなく続くとまで思われることですよ）

ときこえさせ給へれば御返事

38　広まるも昔からこそ恋しけれ君もろともに法のみぎりも（仏法が広まるのも、昔から〔お父上やおばあさまの時代から〕お説教を聞いていました。お父上と一緒にお経の誦される場にいられるのです）

（『御堂関白集全釈』）

寛弘二年（一〇〇五）八月二十九日に、内裏の中宮殿舎で五日間行われた不断御読経の結願日に、父藤原

道長と中宮藤原彰子とが交わした歌である。母源倫子も参内し聴聞していた(『御堂関白記』)。さらに、次の歌が続く。

これを一条殿の尼うへ御覧じて

39　昔より契りしこともうらになく法を広むる君とこそ思へ(昔から約束して私たちがしてきたことではありますが、あなたは仏法を無心にお広めなさるすばらしい方と存じます)

「一条殿の尼うへ」は、母方の祖母藤原穆子である。

永延二年(九八八)生まれの彰子は、長保元年(九九九)二月に裳着《もぎ》をし、十一月一日に一条天皇に入内しており、この時十八歳になっていた。母倫子は四十二歳、祖母穆子は七十五歳だった。母方祖母から父母を通して法華経にたいする深い信仰心を受け継いでいったことがうかがえる。

道長は、姉で一条天皇生母の東三条院藤原詮子が亡くなった翌年の長保四年(一〇〇二)三月、詮子追善のために法華三十講を自邸ではじめた。翌年から万寿四年(一〇二七)に亡くなるまで、病気や物忌みなどで月を変えることはあったが、ほぼ毎年五月に行っている。道長の法華三十講は、南都《なんと》僧と天台《てんだい》僧の修行中の若い学生をも招き、他宗の僧侶との問答をさせ、学僧養成をも掌握することで寺院統制を目論んでいたとされている。彰子は深い信仰心のみならず、道長の寺院統制などの政治的手法も学んでいたのではなかったろうか。

二　養母と出産

彰子が一条天皇に入内し、六日後に女御宣下を受けたその日、長保元年(九九九)十一月七日、一条天皇の中宮藤原定子が待望の皇子敦康《あつやす》親王を出産した。父藤原道隆《みちたか》を四年前に亡くし、さらに三年前には兄伊周《これちか》と弟隆家《たかいえ》が花山上皇を射る事件を起こし(長徳事件)、定子は、髪の一部を切り一条天皇に哀願するが二人は配流になる。後に、恩赦で帰京できたものの兄弟に政治的力はなくなっており、定子と敦康親王には後見人がいなかった。しかし、皇子誕生は道長にとっては脅威だったろう。

翌長保二年二月二十五日、東三条院詮子と道長のいわばごり押しで彰子を中宮に、定子を皇后にする。前代未聞の一帝二后である。彰子が立后儀式のために内裏から退出したその隙の二月二十一日から三月二十七日まで、一条天皇は、定子と二人の幼子を参内させ、定子は妊《みご》る。十二月十六日、定子は媄子内親王を出産し亡くなる。同じ日に、東三条院は重病になる。また、前典侍《さきのないしのすけ》藤原繁子が邪霊のために狂い、大声を出し、憤怒して道長につかみかかる。道長は畏怖し心神を失う。邪霊は、故関白道隆のようでもあり、故藤原道兼《みちかね》のようでもあったという(『権記』)。定子崩御に対する人々の同情と道長への批判が暗黙の内にあったのかもしれない。定子と彰子が一緒に一条天皇のキサキだったのは一年たらず。一度も会ったことなどなく、ライバル関係などでもなかった。

唯一の皇位継承資格者である敦康親王を、伊周や隆家の伯叔父たちに渡すと摂関が移る可能性が高い。道長は一条天皇の信頼厚い藤原行成《ゆきなり》《こうぜい》の助言を受け、彰子を敦康親王の養母にするが、当初は定子の妹御匣殿《みくしげどの》が実質的に養育していた。長保四年(一〇〇二)六月三日、定子の面影をしのばせる御匣殿は、一条天皇の子を宿したまま亡くなる。敦康親王は道長邸に移り、寛弘元年(一〇〇四)正月から彰子殿舎の藤壺で養育される。本格的養母である。子どものいない漢の馬皇后が、明帝から粛宗《しゅくそう》の養育を託され見事に育てあげ、私情を差し挟まず賢夫人と讃えられた故事を、彰子は学んでいた。

彰子がやっと懐妊したのは、寛弘四年（一〇〇七）冬のことであった。その年道長は金峯山《きんぶせん》に参詣し子守三所権現では金銀五色の幣帛等膨大な捧げ物をし、皇子誕生を祈願していた。翌年、彰子は、難産の末、九月十一日、敦成《あつひら》親王（のちの後一条天皇）を出産する。道長は喜悦した（『小右記』）。しかも、翌寛弘六年十一月には、敦良《あつなが》親王（のちの後朱雀天皇）を出産する。しかし、寛弘八年、病を得た一条天皇は六月十三日譲位し、三条天皇が皇位につく。一条天皇の意を忖度した彰子は、まずは敦康親王を東宮にとの心づもりであったが、道長は彰子に相談することなく敦成親王を東宮にする。彰子は、馬皇后の故事の如く託された敦康親王を皇儲にする所存だったから、父を怨む（『権記』）。二十二日、失意の内に一条天皇は崩御する。彰子は二十四歳でいわゆる「後家」となった。

三　父を支える国母の政治力

長和五年（一〇一六）正月二十九日、眼病の悪化と道長の圧力で三条天皇が譲位し、ついに息子が後一条天皇となった。九歳の幼帝である。道長は摂政になった。二十九歳の彰子は、国母として幼帝と共治を行う。まずは、二月七日、同輿して大極殿まで行き、即位式では高御座《たかみくら》に幼帝と共にのぼる。史料上では、母が高御座に一緒にのぼるのは初見である。道長は高御座の斜め後方の幔幕《まんまく》内に座す。権勢の有り様が可視化されており、まさに、儀式は政治である。

摂政の直廬《じきろ》で人事や除目《じもく》等の政務が行われるが、当初の京極院内裏では、道長が彰子御座所にやってきて、そこで政務を行うことが多い。たとえば、三月九日、彰子は三条院への太上天皇尊号詔書を「啓覧」している。摂政が内覧するのと同じ政務行為である。彰子は摂政と同じ行為、幼帝の際に天皇を代行する内覧を行ったのである。摂政道長は、彰子御座所で天皇に代わって日付の数字一字を記入する。画日《かくじつ》である。六月には、彰子の命令、すなわち令旨《りょうじ》で、後一条天皇の外祖父母道長と倫子に三宮に准ずる待遇の年《ねん》官年爵《かんねんじゃく》・封戸を、さらに道長には随身《ずいじん》を与えた。道長は辞退状である上表《じょうひょう》を奉るが、即日返却されている。

七十年後、摂政師実《もろざね》が上表を奉った際、「長和五年には、（この上表を）上東門院（彰子）に御覧にいれた」から、とその先例に則り白河院に御覧のために奉っている（『為房卿記』寛治元年〈一〇八七〉六月二十四日条）。彰子の政務が、男性院（男院）の政務の先例になったのである。この時、彰子はまだ女院になっていない。ではなぜ男院の先例になったのか。親権と考えざるを得まい。国母彰子の政務が、天皇の父親である男院の政務の根拠になったのである。以後、いくつもの彰子の政務が白河院の政務の先例となった史料があり、院政の魁《さきがけ》は彰子だったことが確認される。

一条院内裏に遷ると道長の直廬は彰子御在所に置かれ、ここで政務が行われた。当時、摂政や大臣の直廬は后妃身位の娘たちの殿舎に置かれていた。后妃の娘や姉妹を介して父や兄弟が権威付けをはかったのである。

翌年寛仁元年（一〇一七）三月十六日、道長が摂政を辞任し、息子頼通が就任する。彰子は道長に一階を与え、従一位に叙している。もっとも、引退した道長は大殿として天皇の御簾内に同座し、公卿たちから拝礼を受け続ける。五月九日に三条院が崩御すると、八月、三条院皇子敦明《あつあきら》親王が東宮を辞退する。道長は、早速敦良親王を東宮に立てる。道長は、「彰子の様子は言うべきにあらず」と記しており、彰子はこの時も敦康親王を東宮にする所存だったことがうかがえる（『御堂関白記』八月六日条、『栄花物語』巻十三）。しかし、東宮が決定すると、彰子は東宮職司等の人事を道長と共に行う。

十一月、来年元服を迎える後一条天皇の加冠役のために道長を太政大臣に任命するが、これも「母后の令旨」で決定しており、うるさ型の藤原実資も承認している（『小右記』十一月二十一日条）。国母彰子の政務は貴族層の承認する政治文化だった。

寛仁二年正月三日、後一条天皇は十一歳で元服し、三月、彰子妹威子二十歳が入内する。甥と叔母、しかも九歳も年上である。今で言えば、小学五年生の男子と大学二年生の女子、まさに親が決定する「結婚」だった。七月、彰子は威子の立后を道長に催促をする。后身位も国母彰子の決定である。十月十六日、威子は立后し、この日道長は著名な望月の歌を詠む。

十二月十四日から始まった道長主催の土御門第での法華八講の最中、十七日敦康親王が薨じた。二十歳だった。彰子は、「東宮になっていたらどんなによかったろうか」と嘆いた、とある（『栄花物語』巻十四）。

四　出家と道長の死

寛仁三年（一〇一九）三月二十一日、飲水病（糖尿病）が重くなった道長は出家する。翌年には後一条天皇が疱瘡《ほうそう》に罹った。回復に時間がかかり、その後も様々な病に冒される。後一条天皇は病弱だった。治安二年（一〇二二）七月、天皇・東宮や三后の行幸啓を仰ぎ、道長は法成寺《ほうじょうじ》で新仏開眼供養《かいげんくよう》を行う。十月、彰子は、母方氏寺仁和寺《にんなじ》に観音院を建立し開眼供養を行った。彰子は、源氏子孫の最高身位者として仁和寺の管理も行っていた。当時の氏や一門集団は、双系的要素が多分に残っていたのである。翌年十月十三日には、娘や息子たちが全員集まり、彰子主催の母倫子六十算賀《さんが》が、華やかに繰り広げられた。

万寿二年（一〇二五）七月には、彰子の異母妹で小一条院女御寛子二十七歳が、八月には、末の同母妹で東宮敦良親王妃の嬉子十九歳が親仁《ちかひと》（のちの後冷泉天皇）を出産して亡くなる。翌年正月十九日、彰子は出家し、上東門院《じょうとうもんいん》となる。三十九歳だった。当時は四十歳から長寿を祝う算賀が始まるから、高齢者直前の出家である。この時、蔵人頭が天皇への使者となったが、十二世紀には鳥羽上皇と後白河上皇の出家の際にも「吉例」として継承されている。彰子の先例がまさに、吉例として男院に受け継がれたのである。ただし、出家しても道長と同じように内裏に参入しており、天皇家家長として威力を発揮し続ける。

万寿四年、三月禎子内親王十五歳が東宮妃となるものの、九月十四日には母皇太后妍子三十四歳が亡くなる。五月には異母弟顕信《あきのぶ》三十四歳も亡くなっていた。十二月四日、道長は飲水病が悪化し、激しい下痢を繰り返し、癰《よう》の激痛にさいなまれ、法成寺で亡くなった。彰子は法成寺で看病しており、最後に看取ったのであろう。

五　天皇家と摂関家を支えて

四十一歳の彰子は、長元元年（一〇二八）から承保元年（一〇七四）八十七歳でこの世を去るまで、天皇家と摂関家の実質的家長として、後一条天皇以下の天皇や摂関の弟たち頼通《よりみち》・教通《のりみち》を四十年以上支え続ける。

長元四年（一〇三一）九月二十五日から十月三日まで、上東門院彰子は石清水八幡、住吉社、四天王寺に参詣する。彰子を高く評価していた実資さえもが、「多くは遊楽のためか。万人経営、非難す。……衣装が過差、王位を忽《ゆるが》せにするににたり。天下の人、上下愁歎《しゅうたん》す。……狂乱の極み、」（『小右記』九月二十五日条）と記している。豪華な船、公卿以下扈従貴族の多さ、女房たちの派手な衣装等々、派手好きな頼通の演出だろうとされている。東三条院詮子の四天王寺参詣を踏襲したと思われるが、数回に渡り寺社行啓し、四十歳で亡くなった詮子と比較すると、彰子単独の四天王寺等の寺社行啓は他にはみられない。この一回で、多くの人々に負担を強いる大がかりな寺社行啓は、控えたように推察される。

同年、閏十月二十七日、彰子は、如法経《にょほうきょう》を書し、延暦寺の横川《よかわ》如法堂に願文も納めている。最古の仮名願文には、後一条天皇や人々の安寧《あんねい》と、自身の極楽浄土に成仏し多くの衆生を救済する願望が、記述されている。彰子は、道長の信仰を確かに受け継いでいよう。

長元九年（一〇三六）四月十七日、病弱だった後一条天皇が、国母彰子と中宮威子が見守る中、身罷《みまか》った。二十九歳だった。悲嘆にくれながらも、彰子は葬送等を指示している。東宮が即位し後朱雀天皇となった。中宮威子は、九月六日、後一条天皇の後を追うように亡くなった。三十八歳だった。彰子は、嬉子所生の皇子親仁親王とともに章子内親王と馨子《さほこ》内親王の養育を引き受ける。孫でもあり、甥でも姪でもあった。

翌年、正月、頼通の養女になっていた敦康親王の忘れ形見嫄子が入内する。天皇に入内する女性はほぼ彰子が決定しているので、この時も彰子が承諾したものと思われる。後に、禎子内親王は皇后に、嫄子は中宮になる。嫄子は、長暦三年（一〇三九）八月、二人めの皇女を出産し、亡くなる。四ヶ月もたたない十二月、教通は娘生子を入内させる。頼通と教通の兄弟確執はここに極まった。彰子は兄弟争いも仲裁しなければならなかった。さらに、異母弟頼宗《よりむね》女延子も入内する。しかし、後朱雀天皇の皇子は、亡き嬉子所生の親仁親王と禎子内親王所生の尊仁《たかひと》親王しか生まれなかった。

寛徳二年（一〇四五）正月十六日、後朱雀天皇三十九歳は譲位し、二十一歳の親仁親王が後冷泉天皇になった。後朱雀院は十八日に亡くなる。彰子は二人の息子に先立たれたのである。しかし、我が子同然に養育した孫の後冷泉天皇の養母として後見をしている。永承七年（一〇五二）五月六日、後冷泉天皇は六条院に行幸し上東門院彰子六十五歳の病を見舞い大赦を行っている。あまり病気の記事がなく健康だった彰子が罹った一番大きな病気であるが、「邪気に似る」（『春記』五月十八日条）とある。七月二十五日には「女院御悩の赦」とあり（『春記』）結構長く患っていた。何時回復したか不明だが、危機を生来の健康力で乗り切った。

康平四年（一〇六一）七月、再建された法成寺に、彰子は東北院を再建した。彰子はここで最晩年を過ごしている。治暦四年（一〇六八）四月十九日後冷泉天皇四十四歳が亡くなり、後三条天皇が即位する。従来、後三条天皇の母は藤原氏ではないので、摂関家と対立し、後を継いだ白河天皇も摂関家を排除して院政を行った、とされてきた。しかし、父母を亡くした皇后禎子内親王の出産時や、後三条天皇への邸宅提供等は、彰子の側近たちだった。彰子は両方の親族の面倒をきちんと見ていたのであり、けっして対立をしていたわけではなかった。

承保元年（一〇七四）十月三日、彰子は八十七歳の生涯をとじた。頼通も異母弟頼宗・能信《よしのぶ》も亡く、遺された兄弟姉妹は教通と異母妹尊子（隆子）だけだった。

主要参考文献

上島享「藤原道長と院政」『日本中世社会の形成と王権』名古屋大学出版会、二〇一〇年
高松百香「院政期摂関家と上東門院故実」『日本史研究』五一三、二〇〇五年
平野由紀子『御堂関白集全釈』風間書房、二〇一二年
服藤早苗編『平安朝の女性と政治文化――宮廷・生活・ジェンダー』明石書店、二〇一七年
服藤早苗『藤原彰子』吉川弘文館、二〇一九年
山本信吉「法華八講と道長の三十講」上下『仏教芸術』七七・七八、一九七〇年

第七章
長女上東門院彰子の故実
◉語られ続ける〈大吉例〉

高松百香

前章において、存命中の藤原彰子の歴史的立場が明らかになったが、本章においては、死後の彰子が日本の宮廷社会、いや宮廷社会を超えて地域社会において、先例や故実、説話や伝承のなかで、いかに語られたかに注目して論じていきたい。なお本章では、女院となって以後の彰子の名である院号、上東門院《じょうとうもんいん》を使用する。

一　后としての上東門院の故実

上東門院以後、摂関家出身后からは皇子誕生がぱったりと途絶えた。なんと、二百二十年以上を経た鎌倉期の九条道家《みちいえ》女竴子《シュンシ》（後堀河天皇中宮、四条天皇の母后）まで、摂関家から国母（天皇生母）を出すことができなかったのである。ちなみに、道家は道長・彰子を摂関家の理想とし、竴子という入内時の命名にも彰子の字から「立」を引き、嫥子出産にあたっては、彰子が二皇子を産んだ時代の元号を用いて「寛弘《かんこう》の佳例」の再来と喜んだ（『明月記』）。院政～鎌倉期を通じ、摂関たちは娘が上東門院のような国母となるよう、期待し続けたのである。

さて、外戚の座を失い続け、院に摂関任命権を握られた院政期の摂関家。「大殿《おおとの》」と呼ばれた藤原忠実《ただざね》（一〇七八～一一六二）による言談集『中外抄』『富家語』（それぞれ、家司の中原師元《もろもと》、高階仲行《たかしなのなかゆき》が筆録）には、彰子に関する八つの説話が残されている。以下に一覧を示し、いくつか現代語訳を載せ、内容にも触れたい。

表　上東門院関係言談一覧

	条	年月日	本文の概略
『中外抄』	上巻四条　【史料①】	保延三年（一一三七）三月二十日	天皇・摂関は、慈悲の心をもって国を治めるべき、という帝王論。上東門院を語り手とする一条の「衣説話」。
	上巻六条	保延三年（一一三七）六月十二日	天皇の名の読みについて。口にすることのない天皇の名の読みを、国母たる上東門院を通じて当時の人々が認知する話題。
	上巻八条	保延三年（一一三七）六月十二日	上東門院のお産をめぐる逸話。賀茂光栄《かものみつよし》が、上東門院の御産の日に、なりふり構わず参上した故実。伝承過程に藤原頼通《よりみち》。
	上巻十八条　【史料②】	保延四年（一一三八）正月二十八日	上東門院の入内決定に関する故実。一条院の縁の下から発生した三十日の死穢の内に、上東門院の入内の事が定められた。

上巻七十七条【史料③】	久安四年（一一四八）四月十八日	四条宮寛子の先例への信頼には、頼通・上東門院に遭ったことがあるからという逸話。
下巻三十五条	久安六年（一一五五）十一月二十三日	能書・源師房に関する話題。上東門院の住吉詣の序の清書が師房の能書ぶりの根拠に。
『富家語』		
九十二条	平治元年（一一五九）	初めて五節舞姫を献上する藤原師実《もろざね》に対し、上東門院が送った直衣について。
百二十五条	応保元年（一一六一）	上東門院から四条宮に遣わされた童女の着付けの話題。

【史料①】（『中外抄』上巻四条）

保延三年三月二〇日大殿〔忠実〕のところに参上した。大殿が仰ることには、「帝王・一の人は、慈悲の心をもって国を治めるべきである。故殿〔師実〕が仰っていたが、上東門院から伺ったこととして、『(夫である)一条院が、寒い夜に、わざと御直垂《ひたたれ》を脱いでいらっしゃったので、私が〝なぜそのようなことを〟と申しますと、〝日本国の人民が寒いであろうに、私だけが暖く楽しく寝るのは心苦しいからね〟と仰せられたことですよ』」とのことである。

保延三年（一一三七）に語られたという本条は、一種の帝王学・政道論である。上東門院が目撃し、忠実の祖父・師実に伝えられたのは、夫である一条院が民を思いやり、寒夜に夜具を脱いで過ごしていたというエピソードであった。天皇の寝室というプライベートな空間で、妻后・上東門院のみが知り得た話が、彼女を通じ、摂関家に伝承された。上東門院とは「一条聖帝説話の起源」であり、また語りの仲介者である師実や忠実にとっては、道長の意思を継ぐ権威の象徴であった。

一条天皇のこの説話は院政期を通じて展開するが、上東門院が語り手として登場しない話型が挟まったことにより、その後、主人公の座を醍醐天皇に奪われて伝承されていく。一条天皇を聖帝とみなす言説は院政期に固有のものであるが、本説話のように、上東門院を語り手としえた摂関家の記録が、一条聖帝観を形作ったと思われる。

【史料②】（『中外抄』上巻十八条）

また、大殿は仰った。「触穢というものは、昔はそんなには憚られることはなかったのだよ。しかし、後朱雀院のご時世以来、あきらかに内裏のなかで憚られることになった。ながらく皇太子であった間に、何か御願でもされたのだろうか。

また、帝王が忌むべき斎月のなかでも、九月・十一月を特に憚るものという。ただし、上東門院の入内は十一月一日であった。主上〔一条〕は契斎の儀をされなかったのだろうか。また、御堂〔道長〕はあまり穢を気にしなかったとのことだ。一条院御所の縁の下に三十日間の重い穢が発生している状況で、上東門院の入内の事を決定されたのだ」と。

触穢の話題から、天皇の斎月の話題へ、さらに上東門院の入内が穢中に決定されたことへと話題が広がっている。入内という華やかな、そして天皇の性に関わる行事は通常避けられるべきと観念されていた十一月に、おまけに当時里内裏であった一条院で子どもの死体が発見されたことによる三十日間の死穢の最中に、上東門院の入内は決定された。一条天皇と道長が、ともに禁忌を犯してまで上東門院を入内させたというこの説話は、忠実にとって天皇と摂関家との協調関係を象徴するものとして、受けとめられていたに違いない。

そしてさらに重要な点は、本条、つまり上東門院の穢中入内決定説話が、単なる昔話ではなく、忠実によって現実の政治世界において活用されたことである。忠実の嫡男・忠通《ただみち》と、白河院養女璋子の婚姻計画の遂行が、穢によって中断させられそうになった際に、この故実が、まさに生きたのである。

「上東門院、一家《いちのいえ》がため、天下がための大吉例なり」（『中右記』天永二年〈一一一一〉六月十七日条）。上東門院の入内が穢中に決行されたことを『御堂関白記』長保元年（九九九）九月八日条で確認し、白河院に注進した際の忠実の発言である。結果的には別の理由によって果たされなかったこの婚姻ではあるが、この段階では白河院を納得させることができ、婚姻準備は継続したのである。

一家（摂関家）と天下の大吉例・上東門院は、摂関家が持ち出す最強のカードとして、そして、院が率いる王家にとっても好ましい先祖の故実でもあった。摂関家と王家の婚姻という極めて政治的な案件において、双方のよりどころとなり得たのである。

【史料③】（『中外抄』上巻七十七条）

また大殿がお尋ねになるには、「存命中に忌日《きじつ》法要をすべきではない、とはなぜなのだ」と。私は、「逆修《ぎゃくしゅ》という法要と同じことでしょうか。『李部王記』には、寛平《〔宇多〕》の法皇が、ご存命のうちに、没後の御法事をすべて修せられた、と見えます」と。大殿は、「寛平の法事については、今はわからない。しかし、故四条宮《寛子》は、女人ではあるが、宇治殿《頼通》・上東門院に会ったことがある大変貴重な方である。その方が、ご存命の内、忌日を修せられたと聞いている。その例を知っているからこそ、こうやって相談しているのだよ」と。（以下略）

久安四年（一一四八）四月十八日に語られた本条では、忠実が「存命中に忌月法要をすべきではないのはなぜか」と問い、それに対し『李部王記』にみえる宇多法皇の例を引いて答えた師元に、忠実は故四条宮＝頼通正妻腹の寛子の例を知ってこその問いであったのだ、と強い調子でやり返している。

ここでは「女人といへども、宇治殿・上東門院に遇ひ奉れるやむごとなき人なり」という忠実の四条宮寛子評が目を引く。寛子が、単なる後冷泉天皇の皇后、というだけでは「女人」であるが故に先例としては機能し得ない。彼女に先例としての正統性を与えるのは、頼通・上東門院と同じ時代を生きた貴重な人であるという一点にあった。院政期の摂関家において、頼通と並んで上東門院が重視されたことが確認できる言談である。

院政期の摂関家において、上東門院が一条天皇の中宮であったこと、後一条・後朱雀天皇の国母であったことは、皇子誕生にめぐまれない摂関家にとって、語り継ぐべき栄光の過去であった。上東門院の威厳や知識、上東門院を経由したからこそ摂関家に伝承されたという逸話が、いくつもあったことがうかがえる。忠実は斜陽の摂関家当主と思われるかもしれないが、むしろ、なんとか摂関家を守り、鎌倉期以降に繋げた人物として再評価されている。その忠実が、父や祖父、大叔母から受け継いだ上東門院の語りも、院政期の摂関家の文化的・政治的地位を保持するために、有効に利用されたとみるべきである。

ただし、上東門院が摂関家出身后であることは、摂関家の自由を奪う「お目付役」の役目も果たしたようだ。上東門院が七十歳代の説話が、『古事談』巻第二－六十一にある。

宇治殿《頼通》関白は、直接息子の京極殿《師実》に関白位を譲りたいと思って、姉の上東門院にその旨を伝えた。上東門院は、すでに眠ろうとしていたが、この事を聞いて許してはならないという気分となった。にわかにご起床なさって、硯と紙を取り寄せて、ただちにお手紙を内裏にお届けになった。

その手紙には、「関白殿が申されることは、決して許可してはなりません。摂関の位は兄弟順ということは、亡くなった父道長殿が、確かに遺言されたことなのですよ」と。これによって、息子の師実殿に直接譲る事は許されなかった。後冷泉院の時代に、弟の大二条殿《教通》に譲られた、ということだ。

上東門院の孫・後冷泉天皇の治世末期、康平三年（一〇六〇）から治暦四年（一〇六八）の間の出来事という。関白位を師実に直接継承したい頼通の意思を、後冷泉天皇への手紙で阻止し、父道長の遺言である教通へ兄弟継承を実現させた上東門院の姿が説話化されている。国母が実家の摂関家の跡目争いに口出しした、程度の理解は古い。天皇を支える政界の最高権力者を誰にするのか、という宮廷社会最高レベルの人事である。まさにキングメーカーとしての上東門院の存在感を見せつけられるシーンである。

なお、上東門院彰子の母・倫子が源氏出身であることから、その子である彰子が当時の宇多源氏の血筋で最高位者となり、源氏長者として仁和寺宝蔵の鍵の管理をしていたという事実も大変に興味深い（『帥記』）。摂関家・王家のみならず源氏の頂点にも立った上東門院をめぐる語りは、院政期以降の摂関家の立場を支えたと言えるのではないか。

二　女院としての上東門院の故実

前節では、摂関家出身「后」としての上東門院の説話を主にみたが、院政期の日記史料に見える彰子は、少し異なる印象を受ける。上東門院は単なる后ではなく、女の「院」として、男の院の先例となっているのである。

崇徳天皇の曾祖父という立場であった白河院の葬儀は、その先例を上東門院（死亡時に白河天皇の曾祖母）に準拠して挙行された。天皇の曾祖父・曾祖母という共通項だけでなく、同じ「院」であるからこそ、男女の性別を超えて、先例として踏襲することが可能であったのである。天皇と皇后との間ではこのようなことはできない。白河院の葬儀後の仏事に関する議論の中では、道長の仏事を差配した上東門院の先例を提示した藤原宗忠《むねただ》が、「寛弘の例、凶事これ吉例なり」（『中右記』大治四年〈一一二九〉七月十七日条）と言い切っている。ここには、寛弘年間に二人の皇子を産んだ上東門院の先例を「寛弘の例」と称し、葬儀という凶事であっても上東門院の先例ならば吉例なのだ、という一般貴族にまで普及していた強力な先例観を確認できる。

また最近の研究では、上東門院の「院政」の実態が明らかにされている。道長の摂政への就任や辞任、太政大臣への任命は、上東門院が決定した。白河院はこれを先例とし、師実の摂政・関白上表文の内覧を引き受けることとなり、また忠実の太政大臣への任命を行ったのである。院政の成立に関して、もっとも注目するべき部分である、摂関の任命権が院の手に渡ったという重要な案件は、上東門院を先例とするものであった。

また、院政期における鳥羽天皇初の「官奏《かんそう》」（天皇の文書行政統治を象徴する儀式）で、白河院が下総守紀《きの》久実《ひさざね》の不堪佃田奏《ふたんでんでんそう》をねじこむように要求した際、関白忠実は、「上東門《（院脱カ）》の仰せにより、一度に七通を奏すなり。しからばかの例に准じ、奏に入れるはいかがか」（『殿暦』永久二年〈一一一四〉十二月二十七日条）と白河院におもねった提案をする。上東門院が官奏という政治行為に対して有効なアドバイスをしたことが伝承され、それが白河院のために都合の良い先例として摂関家から提供されているのである。上東門院の先例ならばと摂関も院も納得し、相談しながら院政を遂行していく一幕が確認できよう。

后位の延長線上として見られがちな女院は、実際は男性の院を先例として創設された地位である（『小右記』『栄花物語』）。そして、院政期の男院たちは、上東門院の先例を手がかりに、院がどこまで政務に関与できるかを模索していったように思われる。上東門院はまさに、院政のお手本だったのである。

三　伊賀国花垣荘改名説話にみえる上東門院

最後に、上東門院が宮廷を離れ、地域固有の語りのなかに現れる事例を紹介したい。

無住《むじゅう》が編集した仏教説話集『沙石集』には、このような説話がある（なお『沙石集』の書写の歴史は複雑で、本説話の収載や文言のあり方にも変遷があるが、詳細は高松〈二〇一八〉を参照されたい）。

一、奈良ノ都ノ八重桜ト聞コユル。当時モ南〔東〕円堂ノ前ニアリ。ソノカミ上東門院興福寺ノ別当ニ仰ラレテ、カノ桜ヲ召サレケレバ、掘リテ車ニ入テ参ラセケルヲ、或大衆ノ中ニ見合ヒテ、事ノ子細ヲ問ヘバ、「シカジカ」ト答ヘケルヲ、「名ヲ得タル桜ヲ、左右ナク進セラルル別当、返々僻事ナリ。且ハ色モナシ。后ノ仰セナレバトテ、是程ノ名木ヲイカデカ進スベキ。トドメヨ」トテ、ヤガテ螺ヲ吹キ、大衆ヲコリテ打チ留メ、「別当ヲモ払フベシ」ナドマデノノシリテ、「コノ事ニヨリテ、重科ニモヲコナハレ、我身張本ニ出ヅベシ」トゾ云ケル。コノ事、后モ聞カセ給ヒテ、「ワリナキ大衆也。マコト色フカシ」トテ、「サラバ、我ガ桜ト名付ケン」トテ、伊賀国ニ与野ト云フ庄ヲ寄セテ、花ガキノ庄ト名ヅケテ、垣ヲセササセラル。花ノ盛リ七日コレヲ守ラセラル。今ニ彼ノ庄、寺領也ト云ヘリ。花カキノ料トテ、当時モ沙汰セラルルヨシ、カノ地頭語リキ。昔モカカルヤサシキ事ハアリケルニコソ。

おおよその内容は以下のようなものであろう。現在も興福寺東円堂の前にある名木の八重桜は、かつて上東門院が興福寺別当に命じて掘り車で運上させようとしたところ、興福寺大衆《だいしゅ》の怒りをかい、別当追放の危機を引き起こした。このことを聞いた上東門院は、大衆にも情緒を解するものがいると感心し、八重桜運上を諦め「我が桜」と名付け、伊賀国与野荘（現在の三重県伊賀市予野）を寄進し、花垣《はながき》荘と名付けて、花垣をめぐらせて、花の盛りの七日間は守らせることとした。現在も与野荘は興福寺領であり、花垣料として扱われていると、当地の地頭が語っていた。

興福寺名物、東円堂前の八重桜は、彰子の女房伊勢大輔による「いにしえの奈良の都の八重桜今日九重に匂ひぬるかな」でも取りあげられ（『紫式部日記』）、大江親通『七大寺巡礼私記』（一一四〇年）にもある、遅咲きで有名な古木であった。この八重桜をめぐっては、『興福寺流記』（平安時代末期）に、待賢門院（藤原璋子。鳥羽天皇の中宮）が所望したが大衆に阻止されたため、付近に東円堂を建立して桜を守ることとしたという記述があるが、鎌倉期になるとどうやら待賢門院から上東門院に主体が変更され、かつ、伊賀国与野荘の改名伝説のような意味を帯びていく。

興福寺八重桜を守るための花垣料として、上東門院により与野荘が寄進されたことが史実かどうか、今となっては不明である。しかし、興福寺東円堂領としての与野荘の人々は、中世・近世を通じて、興福寺や近隣荘園との軋轢があっても、この伝承をみずからの存在意義として自認していたことが、各種史料からうかがえる。

近世に入ると、伊賀国出身の国学者たちが、『沙石集』や、「花垣郷《はながきのさと》」（近江国の歌枕）が詠まれた過去の大嘗祭《だいじょうさい》和歌を取りあげて、上東門院を取り入れた与野の歴史語りを完成させていく（菊岡如幻『伊水温故』、貞享四年〈一六八七〉刊行）。また近世の出版ブームのなかで、『奈良名所八重桜』（一六七八年）、『本朝美人鑑』（一六八七年）、『大和名所図会』（一七九一年）など、八重桜・上東門院・与野をめぐる語りは全国的に展開していくこととなり、与野の人々の自負心を高めたであろう。とどめは、元禄三年（一六九〇）、伊賀出身の松尾芭蕉《ばしょう》の訪問と詠句であろうか。

いがの国花垣の庄は、そのかみ南良《なら》の八重桜の料に附られけると、云伝えはんべれば

ひと里はみな花守の子孫かや　　芭蕉

すでに歌枕としての「花垣郷」の知名度は高く、「奥の細道」の旅を終えて里帰りした芭蕉が与野を訪れ詠句した。その句はさらなる観光名所としての花垣を喧伝したであろう。

これらの、上東門院による与野から花垣への改名伝承は、当地の春日神社が大正期に「花垣神社」と改称し、現在も興福寺から分与されたという伝承を持つ八重桜が名物であることや、「花垣」「花前《はなさき》」の地名が存在し、「花守《はなもり》」姓を名乗る住民がいる現在の予野に直結している。

摂関時代、摂関家出身后として、二人の天皇の国母として、栄花の極みに生きた上東門院という女性が、何らかの誤解を挟みつつも、伊賀の一地域における地域伝承を担い、現在も語られ続けている。上東門院故実は、現代においても、生きているのである。

主要参考文献

荒木浩「口伝・聞書、言説の中の院政期――藤原忠実の『家』あるいは『父』をめぐって」院政期文化研究会編『院政期文化論集二　言説とテキスト学』森話社、二〇〇二年

朧谷寿『藤原彰子――天下第一の母』ミネルヴァ書房、二〇一八年

倉本一宏『一条天皇』吉川弘文館、二〇〇三年

高松百香「院政期摂関家と上東門院故実」『日本史研究』五一三、二〇〇五年

高松百香「一条聖帝観の創出と上東門院」『歴史評論』七〇二、二〇〇七年

高松百香「鎌倉期摂関家と上東門院故実――〈道長の家〉を演じた九条道家・竴子たち」服藤早苗編『平安朝の女性と政治文化――宮廷・生活・ジェンダー』明石書店、二〇一七年

高松百香「興福寺八重桜説話の展開と上東門院」福家俊幸他編『藤原彰子の文化圏と文学世界』武蔵野書院、二〇一八年

田島公「転籍の伝来と文庫――古代・中世の天皇家ゆかりの文庫・宝蔵を中心に」『日本の時代史30　歴史と素材』吉川弘文館、二〇〇四年
田中宗博「聖帝説話のゆくえ――『富家語抜書』『古事談』『続古事談』の一条天皇説話について」『大阪府立大学紀要人文・社会科学』四十四、一九九六年
樋口健太郎「院政の確立と摂関家――上東門院と白河院の連続性に注目して」『中世摂関家の家と権力』校倉書房、二〇一一年
服藤早苗「国母の政治文化――摂関期の東三条院詮子と上東門院彰子」服藤早苗編『平安朝の女性と政治文化――宮廷・生活・ジェンダー』明石書店、二〇一七年
服藤早苗『藤原彰子』吉川弘文館、二〇一九年

第八章　次女妍子

◉姉とたたかって

服藤早苗

一　道長の望月の蔭で

この世をば　我が世とぞ思ふ　望月の　かけたることも　なしと思へば

寛仁二年（一〇一八）十月十六日、源倫子所生の三女威子二十歳が、長女彰子所生の後一条天皇十一歳の中宮となった日に、道長邸で行われた宴会の場で道長が詠んだ大変著名な歌である。この日、倫子所生の次女妍子は、皇太后に転じた。二十五歳だった。道長にとっては望月だったが、妍子からみればすでに短かった望月期は終わり、欠けはじめていた。

妍子が誕生したのは正暦五年（九九四）、「いとたいらかに女君生まれ給ひぬ」（『栄花物語』巻四）とあり、姉彰子は七歳、兄頼通は三歳だった。次に記録類に登場するのは、長保五年（一〇〇三）二月二十日、十二歳の兄頼通が元服した日に十歳で裳着《もぎ》をした記事だが、詳細な頼通の元服記事に比して「中の君裳着」（『権記』）と何ともそっけない。すでに彰子は四年前に十二歳で八歳年上の一条天皇に入内し、翌年には中宮となっていた。姉と一緒に育ったのは五年ほどしかない。記憶にはのこらない期間である。

翌寛弘元年（一〇〇四）十一月二十七日、「正四位下藤原妍子を尚侍《ないしのかみ》となす」（『日本紀略』）とあり、尚侍になった。後宮の内侍司の長官である尚侍は、天皇に近侍し奏請《そうせい》・宣伝《せんでん》（天皇への諸司からの奏上の取り次ぎや天皇の命の伝達）や後宮女官の統括などの重要な任務の役職だったが、祖父兼家の娘綏子《スイシ》が尚侍になってから天皇のキサキの予備軍的存在になっていた。尚侍の役職で行幸啓に同行するなど権威を付与する他、宮中での実質的役務はほとんどなかった。二月に綏子が三十一歳で亡くなったので、後釜だった。十二月七日には、従三位になっている。翌年三月、華やかな衣装を覗かせた女房たちの四、五十両の牛車を従え、輿にのった中宮彰子の大原野行啓では、尚侍ゆえに金造車に乗り、畿内近郊から集まった大衆の目に、華麗な王朝絵巻を焼き付けた。この頃から行幸啓は、平安京全体を劇場とした一大イベントとなっていた。「舞台監督」はもちろん道長である。

妍子が東宮居貞《おきさだ》《いやさだ》親王に入内するのは、寛弘七年（一〇一〇）二月二十日、十七歳だった。東宮はなんと三十五歳、すでに三十九歳の妃藤原娍子との間には、妍子と同い年の敦明《あつあきら》をはじめ四男二女がいた。まさに親子ほど違う夫を持たされたのである。姉彰子はすでに敦成《あつひら》親王と敦良《あつなが》親王を産んでおり、しかも一条天皇の当時の実質的キサキは一人だった。翌年、一条天皇が病で譲位し、居貞親王が三条天皇として即位すると、長和元年（一〇一二）二月十四日、立后し中宮となる。立后儀のために正月より東三条殿に還っていたが、井戸の底に餅数枚と人の髪の毛等を沈ませて、呪詛《じゅそ》したあとが見つかる。また翌日には、人魂が飛んだり、不祥雲《ふしょううん》がかかったりしている（『小右記』長和元年四月十日、十一日、十二日条）。誰の仕業か不明だが、姸子立后を妨害する勢力がいたことは間違いない。娍子が立后した二十七日に、姸子は内裏に入っている。姸子の内裏参入を娍子立后と同日にしたのは道長の妨害だとされていたが、様々な儀式等が延期された結果、たまたま同日になったとする説が出されている。ただし、娍子立后に公卿層が集まらず、三条天皇に泣きつかれて奉仕した藤原実資は、「ますます王道の弱き、臣の威の強きを知る」（『小右記』長和元年四月二十八日条）と記しているので貴族層には妨害の側面も認識されていたようである。

長和二年（一〇一三）正月二日、まず左大臣道長以下の殿上人が飛香舎の中宮在所に行き、道長以外は列立し中宮に拝礼する。さらに、玄輝門《げんきもん》で中宮大饗が行われた。姸子が行った唯一の中宮大饗である。十日には懐妊のために東三条殿に退出した。以後、内裏に入ることなく七月六日、禎子内親王を出産する。道長は「不悦の気、はなはだ露わなり」（『小右記』）と皇女誕生に冷淡で、奇数日に行われる産養《うぶやしない》も盛り上がらなかった。現代にも続く、皇室における皇女出産への対応であるが、実資の「天の為《な》すところ如何せん」（『小右記』）との嘆息は、千年後も同じである。以後、孫東宮敦成親王を即位させるために、道長は眼病を患う天皇に陰に陽に退位を迫り続ける。三条天皇が早く内裏に参入するように催促するものの、姸子と禎子内親王が内裏に還ったのは翌年の正月十九日だった。

ところが、二月九日には内裏が焼亡し、四月九日には枇杷殿《びわどの》内裏に入る。三条天皇は急ピッチで再建された内裏に、翌長和四年（一〇一五）九月二十日に遷御するが、姸子は同行しなかった。すると、二ヶ月後の十一月、新造内裏が再び焼亡し、天皇は枇杷殿内裏に遷御する。遂に翌年正月二十九日三条天皇は譲位し、後一条天皇が即位する。九月には姸子の住む枇杷殿が焼亡し、三条殿に遷り、翌寛仁元年（一〇一七）五月九日、三条上皇は崩じる。姸子は二十四歳でいわゆる「後家」となった。三条と実際に同居した期間を計算すると、六年にも満たなかった。

寛仁二年十月、前述のように皇太后になった妍子は、娘禎子内親王とともに暮らす。治安二年（一〇二二）四月、やっと新造なった枇杷殿に遷るが、五年後の万寿四年（一〇二七）三月頃から病になり、禎子内親王の東宮敦良親王への入内にも付き添えず、九月十四日土御門南院で崩じる。三十四歳だった。

二　姉彰子との間で

長和二年（一〇一三）正月十日、二十歳の妍子が懐妊のために内裏から退下した東三条殿は、六日後に焼亡し、妍子は権大納言藤原斉信《ただのぶ》の郁芳門第《いくほうもんてい》に遷った（『大日本史料』第二編之七、長和二年正月十六日条）。大勢の火事見舞いがあったが、十九日には伊予守藤原広業《ひろなり》が飲食を携えやってきて殿上人たちが集う宴会が開かれた。さらに、二月六日には妍子の側近女房藤原光子の父正光《まさみつ》が飲食を持参し、道長以下公卿十数名が参入して、女房たちと一緒に管弦も加わった大宴会が催された。辛口の実資は、「招待もないのに大勢参って宴会とは、側近だけで良いではないか」と批判している（『小右記』）。二十一日にも藤原道綱《みちつな》が飲食を持参し終日管弦付きの宴会が行われている。

さて、二月二十五日のことである。前日道長は、皇太后彰子殿舎で一種物《いっすもの》、すなわち一人一品ずつ持ちよる宴をやろうと殿上人たちに伝えさせた。当日の道長の日記には、「今日、人々が彰子第に一種物を持って集まったが、中止になった」とあっさりと記している。しかし、養子の藤原資平《すけひら》から事情を聞いて詳細に記した藤原実資の日記が遺っている。彰子は、「最近、中宮妍子第で、頻りに饗宴をしている。花も月もないのに、宴会が多い。卿相は批判しているに違いない。父道長が生存中は皆が饗応するだろう。しかし、道長が引退したり亡くなった後には、皆が誹謗《ひぼう》するに違いない。益がないので中止すべきです」と道長を諭し、中止させたらしい。彰子が主催する卿相を招いた宴は多いので、宴会の効用を知らなかったのではない。一種類持参する宴は参加者に負担を強いるので中止したのである。なぜなら一種物として持参する品には、鮭を象った銀製の入れ物にいくらを入れるなど、ものすごく高価なものだったからである。実資は、「賢后というべし」と称賛している（『小右記』長和二年二月二十五日条）。彰子は、宴会好きの妍子と父道長を批判したのであった。

さらに、二ヶ月後の四月十三日のことである。妊娠七ヶ月ほどの妍子は、斉信第から土御門第に遷ることになり、途中、彰子のいる枇杷殿に立ち寄り、宴が張られ、管弦の興があった。子一刻（午後十一時）ころ、彰子は紀貫之《きのつらゆき》書の『古今和歌集』、藤原文正《ふみまさ》の『後撰集』を、紫檀地螺鈿《したんじらでん》の筥に入れ妍子に贈った。いっぽう、妍子は、どうも彰子への贈り物を用意していなかったらしく、その日に斉信からもらった贈物、すなわち村上天皇時代の日記を冊子四帖に描いた絵に、詞書きを書の三蹟藤原佐理《さり》《すけまさ》の娘と延幹《えんかん》に書かせ綺麗な箱一双に入れたものを、そのまま彰子に贈ってしまった。贈り物の横流しである。翌日、事情を知った彰子から「人の志有りけるものを」と自筆の手紙とともに、贈り物が返されてきた。それを見た妍子は、「これを御返しくださるなら、私に下さった物もお返しします」と自筆書を添え返してきた（『御堂関白記』、『栄花物語』巻十六）。姉妹喧嘩である。彰子の方が理にかなっていると思われるが、理性的な彰子と勝ち気な妍子像が浮かびあがってくる。

前述のように七月に妍子が産んだのは皇女、それから二年半後に三条天皇は退位させられ、後一条天皇が即位する。彰子は国母として内裏で政務を含めて後見し、大極殿での即位式では高御座《たかみくら》に一緒にのぼり、行幸では同輿する。しかも、翌寛仁元年（一〇一九）五月三条上皇が崩じると、八月には道長の圧迫で娍子所生の敦明親王は東宮を辞退し、彰子所生の敦良親王が東宮になる。十一月二十五日、後一条天皇九歳の賀茂神社行幸に国母彰子は同輿する。御輿や道長や女房の乗る夥《おびただ》しい牛車、賀茂社への膨大な献上品等で数百メートルにも渡る大行列である。一条院内裏から賀茂社への行幸路の一条大路には、妍子居住の一条殿が建っていた。華やかな一大イベントの行列を見たがる妍子の女房たちのために、道長は「さりげなく大路に面した築地を毀し妍子もご覧になるように」と言い置く。女房たちは大喜びだったが、半年ほど前に夫を亡くしたばかりの妍子は人目を気にしている。翌日妍子から彰子に歌が送られた。

みゆきせし賀茂の河波かへるさにたちやとまると待ち明しつる（賀茂行列のお帰りに私の方にお立ち寄りなさるかと、昨夜は寝ずにお待ち申しあげました）

彰子から返歌があった。

たちかへり賀茂の河波よそにても見しや行幸《みゆき》のしるしなるらん（たとえよそながらでも昔に立ち返りお目にかかったのは行幸のお陰でしょう）（『栄花物語』巻十三）

以上は『栄花物語』巻十三の語る妍子たちの行幸見物であるが、しかし、実際は、「中宮一条に座すにより、北門を避けると云云」（『小右記』）と一条殿の前を通らなかった。また妍子の歌は、『後拾遺集《ごしゅういしゅう》』では斎院の選子内親王の歌である。むしろこの方が事実に近いのだろう。『栄花物語』作者は、仲良し姉妹像を演出したいらしい。

どうも二人はさほど逢っていなかったようである。妍子が六歳の時、彰子は入内した。長保二年（一〇〇〇）

彰子が立后儀のために土御門第に帰っていたのは一ヶ月半ほど、寛弘五年（一〇〇八）敦成親王出産のための帰還は六ヶ月余、翌年の敦良親王出産の時も六ヶ月余、この彰子出産時の合計一年間ほどが大人になった二人の同居期間で、妍子は十五歳から十六歳だった。二人の皇子を出産し、有頂天の道長と豪華で悦びに湧く産養は深く記憶に刻まれたに違いない。そして、禎子内親王出産時に、道長はじめ近侍する人々が冷淡で賓客の誰もが酔うこともなかった産養、妍子の心中は穏やかではなかった。

しかし、天皇と東宮の二人の息子の国母として、天皇家家長として隠然たる力を持つ彰子の権威に、妍子は頼らざるを得なかった。治安三年（一〇二三）四月一日、十一歳の禎子内親王と妍子は、昨年四月に遷った新造枇杷殿から彰子の土御門第に行き、裳着を行った。最高身位の彰子が裳の腰を結び、成女のお披露目は華やかに行われた（『小右記』『栄花物語』巻十九など）。

三　豪華な衣装の蔭に

長和元年（一〇一二）二月の妍子立后儀の女房たちの様子である。長年お仕えしている女房たちは、上中下の区別などがわからないほど思い思いに着飾っていたが、公的な立后儀なので位階やランクに対応した衣装を着ないといけない。普段、織物の唐衣《からぎぬ》で立派に着飾り、得意そうな顔をしていた女房たちも急に平絹などを着ることになり、まことに面白くなさそうな面持ちなのもおかしい（『栄花物語』巻十）。公的な立后儀なので、女房たちは規則通りの衣装を身につけた、とある。どうも普段は妍子付き女房たちは規則に縛られていないなかったことが推測される。

誕生した禎子内親王の乳母の人選には、妍子は、「ただよそ人の新しからんを」と志し、さらに七日間は白一色のはずの女房の衣装も「いかで珍しき様にせん」と思う（『栄花物語』巻十一）。「よそに仕えている者で新規な者を」との妍子の意向は、父母に与えられた女房サロンを脱却して、妍子流のサロンを創ろうとの意向が記されている。たしかに、例えば敦成親王の乳母や女房は、道長異母兄道綱女の藤原豊子・道長家家司大江清通《きよみち》女の大江康子・彰子乳母子の藤原美子（基子）・参議菅原輔正《すけまさ》の娘、宣旨《せんじ》は倫子異母弟源扶《すけ》義《ぎ》女の簾子など、親戚や家司関係が多い。いっぽう、禎子内親王の乳母は、源兼澄《かねずみ》の娘憲子・加賀守藤原順時《よしとき／なりとき》女・伊勢前司方隆《まさたか》女と受領クラスの女房である。妍子の意向で禎子内親王の乳母が決まったかどうかは不明であるが、当世風の女性を選んだのだろうか。はたまた、道長と倫子が、皇女故に一ランク下げたのであろうか。

しかし、妍子や女房たちはめげてはいない。治安元年（一〇二一）二月、実資は憤慨している。「昨日、関白頼通以下大勢の上達部が皇太后妍子宮に参会し、管弦の宴があり、夜中まで続いたという。最近、疫癘《えきれい》が発生し、死者も数えきれず、路頭は汚穢《おえ》だらけである。しかるに道長一門は疫病《えきびょう》を怖れず、花を尋ね遊覧に忙しい、愚かなり」（『小右記』治安元年二月二十一日条）。相変わらず、妍子宮での飲めや歌えの宴会は多い。さらに、九月十日、妍子の女房たちが、無量寿院《むりょうじゅいん》（後の法成寺）で法華経供養をする。序品は筆頭女房の故太政大臣藤原為光《ためみつ》女の五の君、方便品は藤原正光《まさみつ》女光子など、三十人ばかりに割り当てる。写経には宝石などを貼り付ける。当日は大勢の卿相が参加しており、実資は「言うべきにあらず」とあきれ顔である（『小右記』）。『栄花物語』巻十六に詳細で、女房たちが主体的に行ったような叙述だが、もちろん妍子がパトロンだったろう。

万寿二年（一〇二五）正月二十三日、皇太后妍子の大饗が行われた。経頼の日記『左経記』は男性が関与する室礼《しつらい》や当日の座席、儀式の進み方や禄等は詳細だが、女性の姿は妍子さえも登場しない。ところが『栄花物語』巻二十四は関係した女房から出た資料を背景に描かれていると想定されており、女性たちの様子が大変委しい。部屋付き女房のみならず、「里の人々」と呼ばれる女房も大勢集まり、化粧や衣装の準備に余念がない。「この女房のなりどもは、柳・桜・山吹《やまぶき》・紅梅《こうばい》・萌黄《もえぎ》の五色をとりかはしつつ、一人に三色づつを着させ給へるなりけり。三色着たるは十五づつ、あるは十六づつ、ただ着たるは十八、二十にてぞありける。……唐綾《からあや》を着たるもの……織物、固文《かたもん》・浮文《うきもん》……」「裳は皆大海《おおうみ》なり」、一人が十五枚、或いは十八枚、二十枚も重ねており、動くにもやっとである。さらに、薫き物、すなわち香水の匂いがただよい、篝火《かがりび》に照らされ、楽人どもの演奏や舞も大変面白く、極楽絵巻が夜遅くまで繰り広げられた。

右大臣実資は、「今日のような女房の服装は見たこともございません。何とも華美です」「万事あまり美々しく飾りすぎて、つらい思いです」などと嫌みを言う。頼通は、「大宮彰子と中宮威子は、女房の服装を六枚以上はお着させにならないから結構だが、皇太后妍子は、大層困ったことをなさる、と常々道長から叱られているのですよ」と妍子に愚痴る。案の定、翌日、出家していて不参加だった大殿道長から、妍子女房の衣装について頼通が叱られる（『栄花物語』巻二十四）。しかし、妍子の華美な衣装の演出は想定できたはずだから、道長も頼通も本気で怒ったのではあるまい。

翌二月には、「頼通は、皇太后妍子宮で小弓・蹴鞠《けまり》の興をしている。俄に饗餞が儲けられた……妍子は懸け物を用意された」（『小右記』万寿二年二月二十八日条）と、妍子宮で小弓や蹴鞠の遊戯をして宴が張られている。頼通と妍子はどうも遊びや宴会好きで気が合ったらしい。

派手好みは、母倫子から受け継いだようである。治安三年（一〇二三）十月十三日に倫子の六十算賀が、太皇太后彰子の土御門第で行われた。皇太后妍子と禎子内親王・中宮威子・尚侍嬉子たちは各御在所から集まる。姉妹が揃うのは、このような儀式の時である。「倫子付きの女房が、以前は宮々の女房にひけをとらない程の装束をしていたのを、倫子は何となく見苦しく思っていらっしゃったが、今日は得意顔をして、立派な衣装をつけているのがもっともと見えて興味深い」。それぞれの女房たちの衣装はどれもきらびやかで、「袖口には、銀や黄金の縁飾りをして、刺繍や螺鈿が用いられている」（『栄花物語』巻二十）。女房たちの美麗を極めた壮麗さを描き出しているが、倫子の女房たちは、以前から娘付きの女房たちに劣らぬほど華麗な装束を着けていたことがわかる。倫子は派手好みだった。そういえば、長和五年（一〇一六）二月、大極殿で行われる後一条天皇の即位式見物に行った倫子の装束は、青色の唐衣と地摺の裳で天皇と一緒に高御座にのぼる彰子と同じだった（『御堂関白記』長和五年二月七日条）。二十五歳年下の娘と同じ装いである。いくつになっても若作りの派手やかな女性だったと思われる。

妍子と倫子は仲が良かった。寛仁三年（一〇一九）三月二十一日、道長の出家に、娘たちは土御門第に行啓する。彰子と威子は四月十一日に内裏に還御するが、妍子はそのまま留まる。六月、道長は病のために法性寺に参籠することになったが、妍子は、「この間北方倫子一人座すべし。よりて徒然《つれづれ》のために、同所に座す」（『小右記』寛仁三年六月二十四日条）。妍子は、御在所に還らず母倫子のつれづれを慰めている。母倫子から受け継いだ性格なので、仲の良い母娘だったと推察される。妍子は、最高の栄誉と権勢を得た姉彰子に無意識にでも対抗していたのではないかと推察される。

父道長は、妍子の身位を利用する。寛仁二年（一〇一八）十二月十四日から道長は上東門第において、亡き父母のために法華八講を行う。本来、道長は太皇太后彰子・皇太后妍子・中宮威子の三后の行啓を仰ぎ開催したかった。しかし、内裏にいる彰子と威子は、正月諸行事を行うために仏事参加は不可能だった。さらに、当日は雨だったので、内裏外にいる妍子も行啓を延期することになり、皇太后大夫の道綱が道長に伝えた。道長は激怒し、なんと夜中に妍子を迎えに行く。付き従った公卿たちは、ある者は泥よけのあおりを付けた馬に乗り、ある者は犬のような馬に騎って従う。「ほとんど散楽《さんがく》の如し、すでに公事にあらざるのみ（滑稽だった、公事ではないのに）」、と実資は笑い飛ばしている（『小右記』）。道長にとって彰子が一番重要な娘だったろうが、妍子とて自身の権威を誇示するためには必要だった。妍子は父の思惑を見抜いていたのかも知れない。

四　旅立ち

万寿四年（一〇二七）正月二日、皇太后妍子の臨時客が行われた。『栄花物語』巻二十八には、「なおほか（他）よりは匂まさりて見ゆるは、大方この宮の女房は、衣の数をいと多う着させ給へばなるべし」とあり、女房の衣装も相変わらずである。また、二月二日には、「去る夜皇太后宮北対に裹火《つつみび》を置く。撲滅《ぼくめつ》しおわりぬ」（『小右記』）と放火が撲滅されているが、妍子の病の気配はない。ところが、禎子内親王の東宮敦良親王への入内が三月二十三日と決まり、衣装や調度品の準備に多忙な頃から、妍子が風邪の症状で病み始める。陰陽師の占いでは「土公神《どこうしん》を犯すことがあって、氏神の祟りかもしれない」（『栄花物語』巻二十八）という。結局、禎子内親王入内には同行できなかった。記録類では、「皇太后なお悩気があり、御膳を聞こし召さず、枯傷《こしょう》（枯れいたむこと）殊に甚だしい」（『小右記』四月十四日条）が初見である。二十日には「重悩」とあり、御読経や御修法が行われる。五月二十三日には、「平復せしむ」と一時回復したようである。しかし、三十日には、「故堀河左府（顕光）、尚侍（嬉子）の霊が出てきた」、六月三日「禎子内親王が内裏から出る〈妍子の御悩のため〉」、十六日「昨夜、心誉僧都《しんよそうず》が邪気《じゃき》を移したら御膳を召し上がった」ともある。一進一退の病状が続く。七月十九日には、「手足が腫れ給わっている」と女房から聞く。八月十三日には、仏にすがるために、姉彰子がいる法成寺に移り、釈迦堂供養や御読経・御修法が続けられた。しかし、妍子はますます重篤になり、九月七日には母倫子の新造今南第に移り、十四日ついに帰らぬ人となった。十六日には病の道長も歩行で従い葬送が行われ、荼毘《だび》にふされ、木幡墓地に納骨された（以上『小右記』）。三十四歳だった。彰子と妍子は同じ法成寺に居ても、「貴い身分の間柄なのでお目にかかれない」（『栄花物語』巻二十九）とあるので、彰子はさほど見舞えなかったのかもしれない。

主要参考文献

倉本一宏『三条天皇』ミネルヴァ書房、二〇一〇年
服部一隆「娍子立后に対する藤原道長の論理」『日本歴史』六九五、二〇〇六年
服藤早苗「宴と彰子――一種物と地火炉」大隅和雄編『文化史の構想』吉川弘文館、二〇〇三年
服藤早苗『平安王朝の子どもたち――王権と家・童』吉川弘文館、二〇〇四年
服藤早苗『藤原彰子』吉川弘文館、二〇一九年

第九章
三女威子と四女嬉子
◉それでも望月は輝き続ける

伴瀬明美

本章で取り上げる威子と嬉子は、道長と倫子の間に生まれた子としては第五子（三女）と第六子（四女）である。二人は道長の期待を背負ってそれぞれ入内しキサキとなったが、父の期待に添えたか否かでは明暗異なる人生を歩んだ。歩んだ道は違っても、二人には同母姉たちとは異なるある共通点がある。まずは生まれた順番に彼女らの人生をみていこう。

一　藤原威子

誕生

威子は道長と倫子の間の第五子・三女として、長保元年（九九九）十二月二十三日に生まれた（『小右記』『権記』）。道長の子のうち、その誕生について同時代の貴族の日記に記され、それによって誕生日が判明するのは、女子では威子が初めてである。道長の娘の誕生が、宮廷社会において注目を集める出来事になっていたということだろう。

長保元年当時、道長はすでに左大臣として政治の中心にあった。一条天皇の蔵人頭《くろうどのとう》として重用されていた藤原行成は、彼女の誕生について、日記『権記《ごんき》』にこう記している。

左大臣殿（道長）の北の方（倫子）が産気づいたということだ。まず左大臣邸にうかがってから内裏に参上した。申の時あたり（夕方）にお産を遂げられ、赤子は女子だということだ。

この時期、道長は公私ともども大忙しだった。威子の十一歳上の姉彰子は前月一日に入内したばかり。そして、その六日後に、凋落したとはいえ中宮である定子が一条天皇の第一皇子敦康《あつやす》親王を生み、同日に彰子が女御の宣下をうけたところであった。さらに、『権記』によれば、十二月初旬には彰子の立后が内定しており、それをうけて道長は立后の儀式についての先例を取り寄せるなど準備を開始していた。慌ただしくも晴れやか。そのような状況で生まれたのが威子だった。

幼いころ

幼少時の威子については具体的なことはほとんどわからないが、『栄花物語』（巻八）にいくつか記述がみえる。寛弘五年（一〇〇八）正月一日朝の道長家の様子として、

小姫君は九つか十くらいで、とてもかわいらしく雛のようで、あちらこちらと歩きまわっていらっしゃるご様子が愛らしい。

とあり、二歳になる妹嬉子の戴餅《いただきもちい》をすませて参内しようとする道長の足元にまとわりつく威子を道長が

「なんとまた、せわしない」と制して出かけていく様子が描かれる。現代にもありそうな、幸せそうな家族の様子である。

威子が五歳になった寛弘元年、すぐ上の姉妍子《ケンシ》が尚侍《ないしのかみ》に任じられ、同三年には入内して東宮居貞《とうぐうおきさだ》親王のキサキとなった。娘二人を天皇・東宮のキサキとした道長は威子の入内についても考えをめぐらせていたと推測するが、このころの道長の心中には、威子の相手として意外な人物がいたのではないかと考えるのである。

前述のように、彰子が一条天皇に入内した直後、中宮定子が天皇待望の第一皇子敦康親王を生んだ。一方このとき彰子は十三歳。皇子誕生にはまだまだ時間がかかると思われた。そんななか、定子は翌年、皇女媄子の出産により亡くなってしまう。そこで、その時点で一条天皇の唯一の皇子である敦康を、中宮となっていた彰子が後見することになったのである。このことは、漢の明帝（後漢の第三代皇帝）の皇后馬氏が側室の生んだ皇子（のちに第四代皇帝になる）を愛育したとされる故事に准えられている（『権記』）ことから、所生がない彰子が、有力な皇位継承者候補である敦康の母がわりになろうとするものであったといえるだろう。

このような経緯を思い、そして敦康と威子が同じ年に生まれたということを想起すると、威子の幼少時、道長の心には、敦康と威子という組み合わせが選択肢としてあったのではないか。もしこれが実現していたならば――すくなくとも年齢的には――まことに似合いの二人になったかもしれない。

入内にむけて

しかし実際には、彰子が寛弘六年（一〇〇九）に敦成《あつひら》親王、翌年に敦良《あつなが》親王を出産したことで、敦康親王は完全に皇位継承から遠ざかった。

彰子が引き続き二皇子を生むという状況のもとで、道長は娘たち（まさに威子と嬉子）の結婚相手について計画を練り直したのではないだろうか。彰子が生んだ二皇子とそれぞれ婚姻させてはどうかと。

二人目の皇子敦良が生まれた寛弘七年十一月、道長は、里内裏《さとだいり》として自邸枇杷殿を提供していた褒賞に教通以下の息子・娘たちの叙位を申請し、十一歳だった威子は正四位下に叙された。ここまで威子という名で呼んできたが、この名は、この初叙位の時に付けられたと考えられる。この時代の女性は、位や官職を授けられるまでは正式な名前を持ってはいなかった。

寛弘八年（一〇一一）六月十三日、一条天皇は譲位し、東宮居貞親王が皇位を継いだ（三条天皇）。同日、彰子が生んだ一条天皇第二皇子敦成親王が新たな東宮となった。そしてその翌年、長和元年（一〇一二）八月二十一日、威子は尚侍に任じられた。時に十四歳。姉妍子が居貞親王の即位に伴い前年八月に女御となった、その後任である。

尚侍は本来内侍司の長官である女官だが、十世紀頃から天皇の外戚の娘たちが名誉職として任じられるようになっていた。さらに、道長の異母妹綏子《スイシ》が尚侍に任じられ東宮居貞親王のもとに参入し、姉妍子も尚侍に任じられた後に東宮のキサキとなったことで、この時期には、東宮のキサキのための身位とみなされるようになっていたと思われる。したがって、威子の尚侍任官は、威子が東宮敦成（当時四歳）のキサキになることを貴族社会に示す意味をもったと考えられる。東宮が幼児のうちに道長が真っ先に娘をキサキに立候補させたら、他の貴族たちが手をあげづらいのは言うまでもない。ところで年齢は措くとしても、敦成は威子のオイである。オバとオイとの婚姻は現代では奇異に感じられるだろうが、この時代ではタブーではなく、ましてや摂関時代において外戚関係を構築・維持してきたものは、天皇・東宮の後宮におけるオバ・オイ間やイトコ間といった四親等以内での婚姻だった。

同年十月二十日、威子は女子の成人式にあたる裳着《もぎ》を行った。姉たちの裳着年齢と比べると遅く、尚侍任官の方が先になったのは、婚姻の相手がまだ幼児であることが影響したのだろうか。

この一月後、威子は三条天皇の大嘗会《だいじょうえ》御禊《ごけい》において女御代《にょうごだい》を務めた。裳着は女御代を務めるために行われたのだろう。「女御代」とは天皇が大嘗会のための鴨川に行幸して御禊を行う時に女御の代わりとして随行するものだが、女御代威子の一行は、出車《いだしぐるま》二十両を連ね、車の意匠、付き添いの従者や女房たちの装束に至るまで善美をつくした壮麗なものであった。この女御代の行列は、東宮敦成の未来のキサキとしての威子の存在を世に示す一大ページェントであったといえよう。

入内と立后

長和五年（一〇一六）正月二十九日、三条天皇は東宮敦成に譲位した。道長が待ちに待った後一条天皇の世となり、道長は外孫である九歳の天皇の摂政となった。そして寛仁二年（一〇一八）正月三日、十一歳になった天皇は元服し、時は成った。

三月七日、二十歳の威子はついに入内の日を迎えた。酉の時（午後六時ごろ）、糸毛車《いとげのくるま》に乗った威子は、選りすぐられた女房四十人・童六人等を率いて里内裏一条院に入った。やがて天皇から参上を促す使いがあり、威子は天皇の寝所である夜御殿《よるのおとど》に入ったが、ここから先は、男性たちの日記より『栄花物語』（巻十四）の記述の方が雄弁である。

そもそも威子と敦成は前々から時折顔を合わせる間柄だったという。敦成にとって母の里邸である道長邸はしばしば訪れ滞在する場であっただろうから、頷けることである。ともあれ、年齢差もさりながら、なまじ知らない仲ではないだけに二人ともいっそう気恥ずかしく、威子も夜御殿に入ったものの身動きもできずにいたという。そこで、業を煮やした近江三位《おうみのさんみ》（天皇の乳母）が威子を寝床の近くに進ませたところ、天皇が起き上がって威子の袖を引き、二人は寝床に入ったという。そして倫子が二人に夜具を掛けた。新婦側の親などが床入りの際に夜具を掛けることは婚姻における習わしである。四月二十八日、里内裏一条院から新造成った内裏に移るにあたり、威子は女御とされ、藤壺《ふじつぼ》を居所とすることになった。

当時の天皇・東宮の婚姻年齢として十一歳は早すぎるわけではなく、また初度の婚姻相手が年上であるのも珍しいことではない。しかし、道長一家の賛美を旨とする『栄花物語』も、十一歳と二十歳の組み合わせについては、「お二人が並んだら、年齢もだいぶ離れているしどんなものかと噂された」と書いている。実際のところ、まだ子どもである天皇との接し方は、威子を長く悩ませたのではないだろうか。

そして同年十月十六日、威子は立后して中宮となった。これにともない、中宮だった妍子が皇太后に転上したため、太皇太后彰子も併せ三姉妹が后になるという「一家三后」（『小右記』）が現出したのである。威子の立后の儀について、道長は姉二人の時の立后当日に比べて格段に長く、内容も詳しい日記を遺している。この立后への道長の思い入れがうかがえるが、ここではやはり、有名な「望月の歌」に触れざるを得ないだろう。

立后儀式では、内裏紫宸殿《ししんでん》前において群臣たちへ宣命《せんみょう》（読み上げることを前提に和語で書かれた詔）が読み上げられて立后が宣言されたのち、公卿以下は新后がいる里邸に参上し、拝礼して立后を慶賀する。その後、新后から貴族たちに饗宴を賜るのだが、「望月の歌」が詠まれたのは饗宴の二次会というべき穏座《おんのざ》の、それもかなり盃が重ねられた頃であった。道長は実直で通る右大臣藤原実資《さねすけ》を呼び寄せ、歌を詠むから必ず返歌を作るよう命じ、「自慢する歌だ」と言いつつ、このように詠じた（『小右記』）。

此世乎は我世と所思望月乃虧たる事も無と思へハ《この世をば我が世とぞ思ふもちづきの欠けたることもなしと思えば》

この世は我が世だと思う。満月が欠けることもないと思うので。

ここで追従の歌を返さず（満座で唱和することで逃げた）、上機嫌の酔っ払いが自制心も飛んだ状態で詠んだ一首をしっかり日記に書き留めているところは実資の面目躍如というべきか。

立后の六日後には威子のいる土御門《つちみかど》殿に後一条天皇が太皇太后彰子と同輿《どうよ》で行幸し、そこに皇太后妍子、東宮敦良親王も行啓して、邸内の泉殿で三后が共に泉を眺め、天皇・東宮、妍子の生んだ禎子《ていし》内親王、妹嬉子もこれに同席するという希代の出来事があった。彼らはすべて道長・倫子夫妻の子と孫であり、道長はその有様を目にした感動を「言語に尽くし難い」と記している。威子の立后により、道長は「望月」に喩えられる栄華の極みに至った。

「望月」の重圧

しかし威子は栄華に酔いしれることはできなかったはずである。望月を欠けないようにする、まさにそのミッションが威子には課されていたためだ。三条天皇の后となった次姉妍子は皇女禎子内親王しかもうけられなかった。道長家の望月が輝き続けるには、長姉彰子が生んだ後一条天皇と東宮敦良からさらに道長の血を引く皇子をもうける必要があった。道長と（おそらくは）彰子の意向により後一条天皇の後宮を独占していた威子は、天皇が成長していくと共にそのミッションの重圧を感じざるをえなかっただろう。

治安元年（一〇二一）、八歳年下の妹嬉子が東宮敦良のキサキになり、万寿二年（一〇二五）、威子に先んじて懐妊した。嬉子は男御子（親仁《ちかひと》）を生み、道長を大いに喜ばせたが、嬉子自身は産後三日目に早世してしまった。

威子も父母や兄姉たちと喜びと悲しみを共にしたに違いないが、親仁の誕生によって、威子には別の重圧が加わったのではないか。それは、後一条天皇の皇統を残せるかどうかということである。弟宮に先を越されたことは、後一条天皇にとっても衝撃だったかもしれない。

その翌年の万寿三年（一〇二六）四月、ついに威子は懐妊した。九月には内裏から産所となる藤原兼隆《かねたか》宅へ退出したが、土御門殿が産所に使われなかったのは、嬉子の産所であったためだろう。懐妊が発表されてからというもの数多の安産祈禱が行われ、とりわけ嬉子の悲劇を経験した直後だけに道長の不安は強く、威子のお産が近づくと、威子に仕える女房のうち、自身のお産に良くないことがあった者を探し出して退出させ、お産が済むまでは参上しないように命じたという（『栄花物語』巻二十八）。

十二月九日、暁方から陣痛が起こり、未の時（午後二時ごろ）に至って、威子は安らかに皇女（章子）を出産した。天皇・威子両方から重用されていた右大弁《うだいべん》源経頼は、「頗る本意に相違すといえども、平安をもって悦とす」と記す（『左経記』）。道長も後一条天皇も、何はともあれ安産だったことに安堵したとされ、道長に至っては「命が延びた気持ちだ」とまで言っていたという（『栄花物語』同）。ただし、威子は「くちおしく」思っており、天皇も「同じことなら……（皇子であったなら）」と思っていたらしい。また、天皇付きの女房が「姫宮で残念」などと言っているのを聞いた天皇は、「何をいう、安産であったことこそ何よりだ。女だったと残念がるのもばからしい。いにしえの聖帝たちが女帝をお立てにならなかったとでも？」と言い、女房たちは恐縮して黙ったという（『栄花物語』同）。このエピソードは、天皇の威子への気遣いと共に、自身の皇統の継承について、天皇の意識を浮かび上がらせるものとして興味深い。

万寿四年、皇子誕生を心待ちにしていた父道長が没した。その二年後の長元二年（一〇二九）、威子は再び懐妊したが、今回も生まれたのは皇女（馨子《さほこ》）だった。唯一のキサキである威子のいたたまれなさは、どれほどのものだったろう。「中宮にお仕えする人々は、（出産を祝う雰囲気ではなく）非常に冷え冷えとした雰囲気だった」（『左経記』）という。

そこに追い打ちをかけたのが、道長没後における、威子の兄たちの動きである。教通や頼宗《よりむね》が自分の娘を天皇に入内させようとし、天皇もまんざらでもない反応だったという。十代での婚姻が当たり前の世で、すでに三十歳を超えていた威子は、「若くて花も盛りというような方々と争うことはすまい」と心を決めていたという（『栄花物語』巻三十一）。こうした後一条天皇後宮をめぐる動きを実証的に裏付けるのは難しいが、状況からみて十分にありえたことである。当時の威子の胸中は苦悩に満ちたものだったろう。結局、新たなキサキの入内は威子を大切に思う天皇が拒んだと推測されるが（『栄花物語』同）、天皇も自分の皇統の継続を思えば苦渋の選択であったはずである。そうである以上、威子も諦めるわけにはいかなかった。

長元七年（一〇七四）七月、威子は中宮職《ちゅうぐうしき》の官人に命じ、ひそかに東国の香取《かとり》・鹿島《かしま》両社に参詣させ、瑠璃の瓶に白玉を入れて鹿島社に奉納した。両社への祭文は、「願いを叶えてくださったなら、その御礼に金銀の御幣、神宝、大般若経一部を書写供養いたします。また封戸を両社に寄進いたします」というものだったという。これは、村上天皇の中宮藤原安子が皇子誕生を祈った際に、安子の父師輔《もろすけ》がその父忠平《ただひら》からの教えによってこのように鹿島社に祈願したところ、ほどなく連続して皇子出産に恵まれたことに倣ったもので、源経頼が進言したという（『左経記』）。

その験あってか、翌年四月ごろから威子に懐妊の兆候があらわれた。六月になると御産祈禱のあらましが定められ、同月二十日には、まず伊勢神宮の祭主が内裏で「中宮、平安に男子を誕生せしめ給うべきの由」を神宮に祈った（『左経記』）。皇子誕生にかける天皇の切実な願いがうかがえるようである。ところが、諸寺社で大々的に御産祈禱がはじめられた矢先、威子は出血ののち「丸血下」、つまり流産してしまった（『左経記』）。天皇の歎きは大きかったという。威子の傷心はいうまでもないことだろう。

天皇の後を追って

長元九年三月中旬から後一条天皇は病気になった。四月中旬には重体となり、十五日、在位のまま崩御した。享年二十九歳。

それから半年もたたない九月、威子は流行していた天然痘に罹患し、九月三日に出家すると、六日に没した。享年三十八歳。威子が後一条天皇の後を追うように没してしまったことは、威子と天皇がそれぞれ互いの支えとなって生きていたことを物語るようである。

威子の一生は、倫子腹の娘を上から順にすべて天皇にめあわせようとした道長の願望がもたらした矛盾そのものである。そして、その矛盾は結局、後一条天皇の皇統断絶をもももたらしたといえよう。

二　藤原嬉子

誕生

道長と倫子の末子である嬉子が生まれたのは寛弘四年（一〇〇七）正月五日卯の時（午前六時ごろ）。道長四十二歳、倫子四十四歳の時である。長女彰子はすでに二十歳で、一条天皇の中宮となっていた。そして嬉子の七夜の産養《うぶやしない》は、なんと中宮彰子によって行われた。産養は生まれた日から三日目、五日目、七日目の夜に（後には九日目にも）行われる祝いの饗宴で、なかでも七夜は最も盛大に行われるものであった。道長は「年をとってからのことでどうにも……」などと言いながらも、「家から立った皇后が母のために産養をするということは聞いたことがない」として、名誉なことだと書いている（『御堂関白記』）。

こうして嬉子の人生は華々しく始まった。そして、嬉子が生まれた翌年に彰子が敦成を生み、引き続きさらに敦良を生んだ時、嬉子の将来はほぼ決まったといえよう。東宮のキサキとなることが予定されていた姉妍子が皇子を生むか否かによって婚姻相手が変わる可能性はあったが、すくなくとも嬉子もキサキとなることは確定していた。

末娘「千子」

長和二年（一〇一三）、嬉子七歳の時、次姉である中宮妍子が皇女（禎子）を出産し、三条天皇が皇女に対面するために土御門殿に行幸した。このとき、恩典として道長の家族への叙位が行われ、嬉子は姉妹とともに従四位下に叙された（『御堂関白記』）。

威子の項目でも述べたように、嬉子という名はこのとき付けられたと考えられるのだが、そもそも道長家では「千子」という呼び名があったようである。長和四年九月に嬉子はなんらかの病気になったらしく、道長が右大臣実資に、娘が八月末から熱を出して何も口にできず苦しそうであるといった話をしており（『小右記』）、同月十二日には、内裏で宿直《とのい》をしていた道長のもとに「千子」が苦しそうだと家から使いがあったため、道長は宿直をやめて帰宅している。道長の父親らしい一面がうかがえる。

幸いこの病は大事にはいたらず、同月二十日、道長の枇杷殿を里内裏としていた三条天皇が新造内裏に遷御するにあたり、妹とともに従三位に昇叙された（『小右記』）。

入内まで

長和五年、三条天皇が譲位し、妍子との間に皇子をもうけることがないまま翌年崩じたことで、嬉子の婚姻相手は敦良と決定したといえよう。いな、道長にとっては、たとえ妍子に皇子が生まれていても、どうにも相性が良くないとしか言いようがなかった三条天皇の皇子よりは、長年良好な関係を保った一条天皇の皇子を次の東宮に推したかったのではないか。まして、三条天皇が自分の譲位と引き換えに道長に立太子を呑ませた敦明《あつあきら》親王（母は皇后藤原娍子）は、道長にとって〈嬉子をめあわせる東宮〉ではなかったはずである。そもそも道長は敦明親王の資質に懐疑的であったし、敦明が東宮になるにあたって、自分の息子たちが春宮大夫《とうぐうだいぶ》等になることを拒んだ（『小右記』）。結局、敦明は道長の意向を慮った貴族社会のなかで孤立し、寛仁元年（一〇一七）八月九日、東宮を辞退するに至った。彰子の第二子敦良親王が東宮となり、ここに嬉子の未来は定まった。

東宮への参入

寛仁二年十一月十五日、嬉子は尚侍に任じられた。姉妍子の後を受けての任官である。そして翌三年二月十八日、嬉子は十三歳で裳着を行った。その半年後、東宮敦良が元服を行った。それぞれ裳着・元服が済んだというのに嬉子の東宮参入が翌々年治安元年（一〇二一）になった事情はつまびらかではない。道長が嬉子裳着の翌月に「胸病」（『小右記』）に襲われ、出家したことが影響したのかもしれない。

ともあれ、治安元年二月一日、尚侍嬉子は東宮敦良のもとに参入した。父道長が出家したため、長兄頼《より》通《みち》の養子となっての参入であった。嬉子十五歳、敦良十三歳、「まことにちょうどお似合いの間柄」に見受けられたとされる（『栄花物語』巻十六）。嬉子の東宮参入については『御堂関白記』の記事がなく、『小右記』も主役二人の詳しい様子を記さないことから、『栄花物語』から様子をうかがってみたい。

登花殿《とうかでん》を居所とした嬉子は、敦良からの催促でさっそく東宮居所である梅壺に参上した。二人に夜具を掛ける役は今回も倫子が務めた。嬉子はとくにはずかしがるわけでもなく、敦良と打ち解けた様子で、二人並んだ様子はお似合いであったという。碁・双六などに興じていたというから、年齢も近い二人はまず遊び相手として出発したというところだろう。

待望の懐妊

万寿二年（一〇二五）二月、嬉子が懐妊したとの報が宮廷に広がった（『小右記』）。後一条天皇も東宮も成長してそろそろ御子誕生が期待できる状況になったところにもたらされた吉報に、道長はどれほど歓喜したことだろう。

そして三月十一日、妊娠四ヶ月となった嬉子は、内裏から一条院別納《いちじょういんべちのう》に退出した。道長は早速その日のうちに嬉子に会いに行っている（『小右記』）。四月十六日には、嬉子は一条院別納から土御門殿へと移った（『左経記』）。理由は記されないが、土御門殿は道長にとって主たる居所であるだけでなく、姉彰子が二人の皇子を生んだ場所でもあったためか。また、長姉であり敦良の母である太皇太后彰子もこの邸にいた。そして姉たちの時と同様、むしろそれ以上に、盛大な安産祈禱が行われたことは想像に難くない。

そうしたなか、六月二十五日、土御門殿に東宮敦良の行啓があった。『栄花物語』（巻二十五）によれば、敦良が嬉子を朝夕心配している由を彰子から聞いた道長が気を利かせたものだという。敦良にとって初めての子であるから、すっかり妊婦の姿となった嬉子をまじまじと興味深く見つめる敦良に、嬉子は恥ずかしさで打ち解けられない様子であったという。敦良はしばらく滞在し、七月三日に還御した。『栄花物語』は、別れにあたって嬉子が沈みがちな様子であることに敦良は不安を抱いて内裏に戻ったと記し、これが二人の最後の対面になることを暗示する筆致となっている。

出産と急逝

この万寿二年の秋には「赤斑瘡《あかもがさ》」、現代の「はしか」が流行した。後一条天皇も中宮威子も罹患したが、七月二十八日にはこともあろうに嬉子が罹患し、土御門殿は大騒ぎになった。『小右記』によれば、二十八日から症状が出たものの、祈禱を行ったところ翌日には瘡《かさ》が出て熱も下がったと記されている。とすれば非常に軽く済んだということになるが、『栄花物語』（巻二十五）では、数日間苦しみ、月末に良くなったあとも大事をとっていた様子が描かれる。

嬉子の出産は道長や彰子、東宮はもちろんのこと、全支配者層にとっての大関心事となっていた。もし男子誕生なら、道長の「望月」は久しく輝き続ける。嬉子のお産が近づくと、諸国の国司たちが追従のために道長のもとに参上した（『小右記』）。右大臣実資はそれを非難しているが、その実資とて、嬉子の出産がどうなるかには神経をとがらせていた。

嬉子の陣痛が始まったのは八月二日だった（『栄花物語』同）。実資はしきりに情報収集して経過を把握しようとしている。三日の午前中には土御門殿に詰めている公卿に様子を尋ね、「昨夜、お産の気がありましたが出産には至っていません」との返答を得た。正午ごろには、早朝に土御門殿に行ってきた官人から、道長・頼通・教通以下参集していたが今は解散し、お産の様子はない模様であると報告をうけた。その後、道長邸に送った家司が戻ってきて「今日は二、三度産気があり、みな奔走しています。入道殿（道長）は馬や牛を施入して神社に無事の出産を祈願しています。どうやら難産のようです。みな非常に嘆いており、入道殿と母君（倫子）は大泣きに泣かれています」と報告した（『小右記』）。

その頃、土御門殿では、藤原延子とその父顕光《あきみつ》（延子は敦明親王の東宮時代からのキサキだが敦明が東宮を辞退し道長の婿となったことで敦明と疎遠になり、不遇のうちに没した）の物怪《もののけ》が大騒ぎをし、安産祈願の読経は屋敷を揺るがさんばかり、産所には彰子も詰め、土御門殿はお産の様子をうかがう人々で隙間もない状態であった（『栄花物語』同）。

そして申の時の終わり、実資の家司が走ってきて実資に告げた。「尚侍（嬉子）が男子を生みました」（『小右記』）。親仁、のちの後冷泉天皇の誕生である。

土御門殿は歓喜に包まれ、吉報をうけた東宮からはさっそく男御子に御剣が遣わされた。御湯殿《おゆどの》の儀、産養定も滞りなく行われた。翌四日、その日の御湯殿の儀がおわった後、嬉子のとなりに寝かされた御子を嬉子・道長が父娘で眺める静かなひとときがあった（『栄花物語』巻二十六）。そのとき嬉子は道長に尋ねた。「この様子をどう思いますか?」。道長は「本当にすばらしいことだと拝見していますよ」と答えた。『お父様の思い通りになりましたね』という嬉子の心の声が聞こえるようだ。「ですが、どうにも耐えられそうにない気がしてならないのです」。その言葉に道長が愕然としてから丸一日もたたず、嬉子は世を去った。

八月五日の夕暮れ時、実資は、北野祭《きたのまつり》に行っていた従者から、尚侍が人事不省で、回復を祈る誦経使と北野社で出会ったこと、また、火急の誦経使が方々に遣わされているとのことを聞いた。この事態に実資は急いで養子資平を土御門殿に向かわせたが、戻ってきた資平は実資に、嬉子が没したことを報告した（『小右記』）。申の時であったという（『左経記』）。享年十九歳。

翌日、実資は土御門殿を弔問したが、道長以下の遺族には会えずに帰った。「禅閤（道長）・北の方（倫子）・関白（頼通）・内府（教通）、同処にて悲泣し、消息を通せず」という状況のためだった（『小右記』）。

道長と倫子がもうけた多くの子たちのなかで、よもや末娘が真っ先に、それも一家に栄光をもたらした直後にこの世を去るとは、道長・倫子にも兄姉たちにとっても、信じられず、耐えがたい悲しみであったことだろう。『栄花物語』巻二十六「楚王のゆめ」で描かれる嬉子の出産から死去、葬礼にいたる段は、非常に具体的かつ心理描写が繊細で、物語全体のなかでも最も心打たれる段の一つである。

嬉子の死について、道長には大きな後悔があった。それは、赤斑瘡が全快しない状況で産気が始まった際、物怪を払うため加持《かじ》を行ったことである。当時、赤斑瘡は神気による病とみなされており、神気による病に罹っている者に物怪の邪気《じゃき》を退けるための加持を行うことはタブーとされていた。陰陽師《おんみょうじ》に可否を占わせるほど道長自身も疑念を抱いており、諸僧も恐れて加持を行わなかったにもかかわらず、道長は自ら率先して加持を行った。娘を思うがあまりに心急き、タブーを犯してしまったのだろうか。実資は、道長が加持の事について深く後悔している様子だったと記す（『小右記』）。望月は満ちた姿を保ったとはいえ、道長の目にはもはやその輝きは映らなかったことだろう。

おわりに

皇女しか生めなかった威子と、幼子を残して早世したが皇子を生んだ嬉子。道長の娘としての人生は異なった。では二人の共通点とは何か。それは、直系の子孫が残っていないことである。嬉子が生んだ親仁はやがて後冷泉天皇となり、嬉子は生母として皇太后を贈られたが、後冷泉天皇の子は一人も生い立たたず、皇位は弟である後三条天皇とその子孫が継承していった。威子の皇女二人はそれぞれ後冷泉天皇・後三条天皇のキサキとなったが、彼女らもまた次代に父母の血を伝えることはできなかったのである。

主要参考文献

佐々木恵介『天皇の歴史3　天皇と摂政・関白』講談社、二〇一一年

谷口美樹「平安貴族の疾病認識と治療法」『日本史研究』三六四、一九九二年

伴瀬明美「摂関期の立后儀式――その構造と成立について」大津透編『摂関期の国家と社会』山川出版社、二〇一六年

山田彩起子「平安中期以降の尚侍をめぐる考察」『古代文化』六四－二、二〇一二年

第十章 次妻高松殿腹の姫君

◉寛子と尊子

栗山圭子

一 寛子（九九九？〜一〇二五）

寛子は、貴族社会の中で「高松腹太娘」「高松腹大娘」（『小右記』寛仁元年十一月二十二日、万寿二年七月九日条）と呼ばれていた。「太娘」「大娘」というのはおそらく「大姫」のことで、寛子が道長と高松殿源明子との間の長女であったことを示している。なお、寛子という名に関しては、史料上、提子あるいは娓子ともされているが（『御堂関白記』『小右記』長和二年九月十六日条など）、本稿では『尊卑分脈』における寛子に統一する。

彼女がいつ誕生したのかを示す確実な史料はない。寛仁元年（一〇一七）に寛子と小一条院が結婚した際、「女君十九ばかりにやおはしますらん」（巻十三）とする『栄花物語』の記載に従えば、寛子の生年は長保元年（九九九）ということになる。この年にはちょうど鷹司殿《たかつかさどの》源倫子腹の異母姉妹である威子も生まれている（『小右記』十二月二十三日条）。寛子と威子より年長には、永延二年（九八八）生まれの長姉彰子、正暦五年（九九四）生まれの次姉妍子がおり、威子を道長の第四女とする史料があることからすると（『今鏡』ふぢなみの上）、寛子は道長の第三女で、出生順は寛子が威子より先だったと考えられる。両者が生まれた長保元年は、父道長にとって転機となる重要な年だった。この年の十一月一日、寛子の異母姉彰子が一条天皇に入内したのである。寛子は、道長がまさに後宮政治に乗り出したその年に生をうけた。そうした道長の動向は、このあとの寛子の人生にとっても無関係なものとはなり得なかった。

誕生後しばらく、幼少期の寛子の動静を伝える史料はない。寛子が記録類に初めて現れるのは、寛弘六年（一〇〇九）三月に母明子の在所である近衛御門において、十一歳で着裳の儀（女子の成人式）を行ったときである。着裳の儀では、髪型を変えて笄《こうがい》をつけ、大人装束の象徴としての裳を結ぶ。寛子の着裳には、髪上役として三条天皇の乳母である「橘典侍」橘清子が招かれ、「上達部十余人」や「殿上人廿余人」が参集する盛大な式となった（『御堂関白記』寛弘六年三月二十七日条）。

着裳の翌年の十一月、一条天皇が枇杷殿から新造の一条院に行幸する際の勧賞として、寛子は従四位上を授けられている（『御堂関白記』寛弘七年十一月二十八日条）。この日は、教通以下、道長の子女が軒並み叙位されており、姉妹では「尚侍」妍子が正二位に、威子が正四位下に叙されている。前述したように、出生順では寛子は威子の姉になるが、威子の方が一階上に叙位されている。父を同じくする子どもであっても、正妻腹と次妻腹では処遇に明確な差がもうけられた。寛子の叙位にはそうした厳しい現実が反映されている。その後、長和二年（一〇一三）には、三条天皇の土御門殿行幸の賞として従三位に進められている（『御堂関白記』『小右記』長和二年九月十六日条）。

こうして貴族社会の正規のメンバーとして位置づけられた寛子は、官職の面では「東宮御匣殿《みくしげどの》」に任じられている（『御堂関白記』長和二年六月二十九日条、九月十六日条）。当該期、天皇には多くの内裏女官が仕えていたが、それと同様に三后や東宮、女院、斎王にもそれぞれ女房集団が奉仕していた。それら院宮の女房のうち、御匣殿は宣旨《せんじ》・内侍《ないし》とともに「女房三役」といわれる幹部女房のポストの一つである。但し、任官したからといっても、実際に東宮女房として勤務する訳ではなく、後宮女官のトップである尚侍と同様に、御匣殿は天皇の外戚集団に属する女性がつく名誉職であった。任命の時期は不明だが、寛弘八年（一〇一一）六月の一条→三条への代替わり後に、異母妹威子が尚侍に就任（長和元年〈一〇一二〉八月）したのと程近い頃ではないだろうか。威子は尚侍、寛子は東宮御匣殿と、ここでも正妻腹と次妻腹の娘の間で序列化されているとはいえ、道長にとっては寛子も後宮把握の一翼を担う重要な存在であった。そのことは、寛子が、三条天皇の代における威子に続き、長和五年（一〇一六）十月に新帝後一条の大嘗会御禊《だいじょうえごけい》において女御代《にょうごだい》を務めていることからも分かる（『栄花物語』巻十二）。寛子が一代一度の盛儀における大役を果たした翌日に、道長は近衛御門を訪れ、明子と「昨日の女御代のことを相語」っている（『御堂関白記』長和五年十月二十四日条）。寛子を介した道長と明子の夫婦関係を、道長本人が記した記録として興味深い。

長和五年、外孫の後一条が登位したことにより、道長は摂政となった。同時に代替わりにともなって、東宮には三条皇子の敦明《あつあきら》親王が立った。しかし、翌年の寛仁元年（一〇一七）五月に父三条が死去したことを契機に、敦明は東宮を辞退する。八月四日、まず寛子の同母兄能信《よしのぶ》に対して敦明から辞退の意向がもたらされた後、六日には道長と敦明が会談し「皇太子を辞退すべきの事」が決定した。敦明は「自分には補佐する人がなく、事務一切を執り仕切るはずの東宮坊もしっかりしておらず、三条院が崩御後はますますなすすべもない状態であり、東宮傅《ふ》の顕光と東宮大夫の斉信も不和で、自分にとっては何の益もない」と辞退に至った理由を述べている（『小右記』寛仁元年八月七日条）。

そもそも道長は、三条の在世時から「当時宮たち（敦明ら三条皇子）東宮に立ちたてまつるべからず、その器に堪えるべからざるによる、故院（一条）の三宮（敦良）東宮たるに足る」（『小右記』長和四年十月二日条）と三条の面前で言い放っており、当初から敦明の立太子に反対し、自身の外孫である敦良《あつなが》親王の立太子を望んでいた。敦明は、唯一の後ろ盾であった父三条が崩御した今となっては、道長の圧力に抗して東宮位に固執するよりも「心閑休息」して生きることを選択したのである。こうして、会談からわずか三日後の八月九日には、敦明にかわって敦良が東宮に立った。前東宮敦明は小一条院と号されて、東宮在位時と同様の処遇をうけることになった。

その三ヶ月後の十一月二十二日、小一条院と寛子との婚儀が行われた（小一条院二十四歳、寛子十九歳）。既に十月には「来月、前摂政高松腹女に通ふべし、吉方を取らんがため渡らしめ給ふ」とあるように、婚姻の準備のために、小一条院は「慶命僧都の一条車宿《くるまやどり》」に移動している（『小右記』寛仁元年十月八日条）。婚礼の当日、道長や教通《のりみち》・頼宗《よりむね》以下多くの貴族が参集するなか、小一条院は高松殿に渡った。そもそも父の服喪中に婚姻を行うこと自体が前代未聞である上、さらに小一条院自身が笛まで吹いて管弦の遊びを行っていることが非難されている（『小右記』寛仁元年十一月二十二日条）。婚礼三日目の夜には、兄頼宗が調えた餅が供されて三日夜餅の儀が行われ、その後現在の披露宴にあたる露顕《ところあらわし》が行われている（『御堂関白記』寛仁元年十一月二十四日条）。このように夫（小一条院）が妻（寛子）のもとに移動して行う婚姻形態を婿取婚といい、婿取婚は天皇・東宮を除く当該期の貴族層の一般的な婚姻形態であった。

この婚姻について、山中裕氏は「明子腹の子供達は倫子腹の子供達より常に一段低く扱われていることなどから考えて、寛子は小一条院を慰めるために女御として入内させ《ママ》、道長に利用された」のように評価される。しかし、今回、敦明は東宮位を自ら去ったが、仮に敦明が道長の圧力に屈さず東宮に長くとどまり続けた（とどまり続け得た）ならば、道長も敦明に対して次代の皇位継承者としての対応を取らざるを得なくなっていたはずである。そうなったとき、道長はやはり敦明とも外戚関係の構築を図ることになり、その場合、道長が自家から敦明のキサキとして入内させるのは、敦明との年齢的な釣り合い（敦明と寛子の年齢差は五歳）や寛子が既に東宮御匣殿に任じられてキサキ予備軍としての実績を積んでいること、妹たちとの年齢差（同母妹尊子は寛子より四歳程度下、異母妹嬉子は八歳下）、また道長外孫皇子（敦成《あつひら》・敦良）への入内要員としては正妻倫子腹女子（威子・嬉子）が念頭に置かれていただろうことから勘案すると、結局寛子となっていた可能性が高い。そのように考えると、寛子は、東宮位「剥奪」の代償としてあてがわれたというより、そもそも当初から敦明のキサキとなるべき存在として想定されていた可能性もある。こうして寛子は敦明と婚姻したが、寛子が敦明の正妻格となることによって、早く敦明のもとに入り、数子をもうけていた藤原顕光女の延子と敦明の夫婦関係は破綻することになり、のちのちまで大きな禍根を残すことになった。

婚姻の翌年の寛仁二年（一〇一八）十二月、「院御息所」寛子は第一子儇子を出産した。新生児の誕生を祝う産養《うぶやしない》の儀については、三日目の夜は小一条院の「院庁」が、五日目の夜は「摂政」頼通が、七日目の夜は「太閤」道長が主催することになった（『小右記』十二月九日条）。翌年正月には五十日《いか》、三月には百日《ももか》の儀が行われている（『小右記』正月二十八日、三月十九日条）。儇子について注目されるのは、寛仁三年（一〇一九）

三月、異腹の兄弟である敦貞《あつさだ》とともに親王宣下を受けたことである。僐子と敦貞は敦明「親王」の子女なので、本来は二世王である。しかし、「故三条院王子」として今回親王宣旨が下されることになった。先例には、花山の出家後に誕生した王子（清仁《きよひと》・昭登《あきなり》）を祖父冷泉院の子とすることで親王とした例が引かれた。しかし、花山王子の親王宣下はまだ冷泉院が存命中に行われたのに対して、今回の場合、三条院は三年前に既に死去しており、死去した天皇（院）の子とみなす処置はいかがなものか、との非難が上がった。しかも僐子に関しては去年誕生したばかりで（敦貞は長和三年〈一〇一四〉誕生）、三条の死後に生まれた僐子を三条の子になぞらえて親王とする手法が問題視されている（『小右記』三月五日条）。小一条院の子女に対する待遇如何がこれまで議論されたことはなく、僐子誕生を機ににわかに俎上にのせられていることからすると、今回の強引な親王宣下は、外孫女子僐子の待遇上昇を図る道長の意向によるものとみるべきであろう。

寛仁三年（一〇一九）十二月、寛子は男子を産んだが（『小右記』十二月七日条）、この男宮は翌年夭逝した（『小右記』寛仁四年閏十二月二十日条）。さらに、寛子はもう一人男子（敦元）を生んだ。長元五年（一〇三二）に十歳で死去したとの記録から推計すると、敦元は治安三年（一〇二三）に誕生している（『日本紀略』長元五年七月十四日条）。なお、『栄花物語』は、第一男宮の誕生を「院（小一条院）の御心地にも、殿（道長）もめでたくうれしう思され、かひありて、七日のほどの御有様、帝がねといみじうかしづききこえさせたまふ」（巻十四）と描写し、新生児を「帝がね」と評している。寛仁三年段階の状況として、敦明の皇子が皇位につく可能性はほぼなく、実際の歴史的展開も鷹司殿腹長姉彰子が生んだ後一条、次いで後朱雀の子孫へ皇位が継承されていくので、敦明も道長も「帝がね」の誕生を喜んだという表現は文飾のレベルにとどまるものであろう。しかし、上記したように、もし敦明が東宮位を退かなければ、敦明と寛子の皇子は、冷泉皇統を継承する存在となり得たはずであった。寛子は冷泉皇統最後のキサキであり、幻の国母だったといえる。

こうして、寛子は「小一条院の女御殿」「院御息所《みやすどころ》」として結婚生活を送ったが、万寿二年（一〇二五）七月九日に二十七歳で死去した（『小右記』『左経記』万寿二年七月九日条）。『栄花物語』には臨終となった寛子と道長の最後の対面が描かれる（巻二十五）。時を同じくして、東宮敦良のキサキとなっていた異母妹嬉子も男宮（親仁）を出産後に死去した。相次ぐ道長の娘たちの不幸は、敦明と寛子の婚姻によって夫婦関係を裂かれた敦明キサキ延子とその父藤原顕光の怨霊によるものと噂された（『小右記』万寿二年八月八日条、『栄花物語』巻二十五、二十六）。

二　尊子（一〇〇三？〜一〇八五）

尊子は「高松腹二娘」（『小右記』万寿元年三月二十七日条）と称され、道長と高松殿源明子の二番目の女子として誕生した。尊子に関しても出生時の確実な史料はない。高橋秀樹氏は、尊子が応徳二年（一〇八五）十一月に八十余歳で没していること（『栄花物語』巻四十）、寛弘二年（一〇〇五）に同母弟長家が誕生していること、三〜七歳で行われる着袴の儀が寛弘四年（一〇〇七）に行われていることから、長保五年（一〇〇三）頃の誕生を推定されている。また、尊子という名については隆子とする所見が多いが（『小右記』長和二年九月十六日条、『御堂関白記』『小右記』長和四年九月二十日条）、本稿では『尊卑分脈』の表記に従い、ひとまず尊子に統一する。

尊子の動向が確実な史料で確かめられるのは、寛弘四年（一〇〇七）に「頼宗弟女子ならびに男子ら着袴」（『御堂関白記』四月二十七日条）とあるように、同母弟長家とともに着袴の儀を行った時である。次いで、長和二年（一〇一三）九月、三条天皇の土御門殿行幸の賞として尊子には従四位下が授けられている。この日は、異母姉「尚侍」威子が従二位に、同母姉寛子が従三位に、異母妹嬉子が尊子と同じく従四位下に叙位されている（『小右記』長和二年九月十六日条）。長和四年（一〇一五）九月には、枇杷殿から新造内裏への行幸の賞として、異母妹である「小姫君」嬉子とともに従三位に叙されている（『御堂関白記』『小右記』九月二十日条）。

寛仁元年（一〇一七）四月二十六日、「小若（長家）の元服ならびに同腹女子（尊子）の着裳」が同日に行われた。長保五年誕生とすると、尊子は十五歳で着裳したことになる。着裳の儀には、典侍かつ「中宮（異母姉妍子）御乳母」でもあった藤原高子が「理髪」のために招かれ、父道長が裳の腰を結んでいる。着裳の際には「皇太后宮」である異母長姉彰子着用の裳が用いられた（『御堂関白記』四月五日、二十六日条）。

尊子に関しては、後宮女官に任じられた形跡はない。一方で、寛仁二年（一〇一八）十一月、「前太相府四娘（嬉子）を尚侍に任ず、左大将教通太娘（生子）を御匣殿となす」とあるように、尊子より五歳程度年少の異母妹嬉子が十二歳で尚侍に、わずか五歳の教通長女生子が御匣殿別当に補任されている（『御堂関白記』『小右記』十一月十五日条）。この任官は「尚侍・御匣殿いまだ着裳せず、極めて奇なることなり」と批評され、着裳以前、つまりまだ成人前の童を官職に任ずる異例が糾弾されている。実際に職務を遂行し得ない幼児の任官は、まさにこれらの職の形骸化を示すものであるが、道長家の子女の序列化の観点からみると、既に前年に着裳の儀を終え、成人している尊子を差し置いての今回の任官は、キサキ予備軍として鷹司殿腹直系女子が重視されている事実を表すものといえよう。

これを布石として、嬉子は寛仁三年（一〇一九）二月に着裳した後、治安元年（一〇二一）二月、東宮敦良親王のもとに参入している（『小右記』二月一日条）。その一方で、この間、嬉子より年長の尊子の動静は知られない。万寿元年（一〇二四）、ようやく尊子の結婚が決定する。相手は具平《ともひら》親王（村上皇子）息の源師《もろ》房《ふさ》であった。師房は姉隆姫が関白頼通の正妻となっていた関係で、頼通の養子となっていた。最初に両者の婚姻が噂されたのは、治安三年（一〇二三）の年末のことである。実は、師房の婚姻については、藤原実資のもとに「師房の事、度々関白（頼通）の消息」があり、実資娘千古と師房の結婚話が浮上していた。しかし、実資側に思うところがあって延引していると、法性寺座主慶命から「中将師房、禅門高松腹女と婚せらる由、大納言能信談ずるところなり、関白に問い申す、一昨聞くところあり、然れどもいまだ一言あらず、禅閤命ぜらることあらば、左右申すべからず」との情報が寄せられたのである。師房養父頼通にとっても、師房と尊子の結婚は寝耳に水であったが、「禅閤」道長が命じることであれば、それに従わざるを得ない、との判断であった（『小右記』治安三年十二月二十八日条）。

そして実際に、翌年万寿元年（一〇二四）三月、「今夜右中将師房、禅室高松腹二娘に通う、大弐惟憲《これのり》家上東門において、婚礼を行う」こととなった（『小右記』三月二十七日条）。時に尊子は二十二歳、師房は十七歳である。この結婚について、『栄花物語』には「東宮大夫（頼宗）・中宮大夫（能信）いと心得ずあやしきことに思しむせびたれど、殿の御前（道長）にせさせたまふやうあるべし、制しきこえたまはんに力なければ、え申させたまはず」（巻二十一）とあり、尊子同母兄の頼宗・能信ともにこの結婚に反対だったが、父道長の意向には逆らい得ず、また、尊子自身も「女君こころよからぬ御気色」で意に添わぬ結婚と考えていたとする。先に見たように、師房の養父頼通も当初実資娘千古と師房の婚姻を考えていたが、そこでも「禅閤命ぜらることあらば、左右申すべからず」と述べ、師房と尊子との婚姻を承諾せざるを得なかった。これらを勘案すると、この婚姻の推進主体が道長であったことは確実である。確かに同腹・異腹を含めた尊子の姉妹は全て王家構成員と結婚しており、結果的に尊子のみが「后にならせたまはず、ただ人」（『栄花物語』巻四十）となった。しかし、高橋秀樹氏が指摘しているように、天皇後一条には威子が、東宮敦良には嬉子が配され、当該期の王家構成員に結婚対象となるべき人物がいなかった以上、師房は求め得る最上の婚姻対象であったといえるだろう。

婚姻時当初は、鷹司殿腹子女との間に設けられた格差や、「ただ人」師房との結婚に本人も同母兄弟も不満を覚えたかもしれないが、最終的には「大臣の北の方にて、七十余までさし並びおはしまして」「関白殿の上（麗子）、大納言たち二人（俊房《としふさ》・顕房《あきふさ》）、御孫にて中宮（賢子）の一の宮（敦文）・姫宮（媞子）など生みたてまつらせたまへるを見たてまつらせたまふ、いとめでたし」（『栄花物語』巻三十九）と師房流と摂関家の繁栄の礎となった結婚として、称賛されるようになる。

師房と尊子には多くの子女が誕生した。まず、万寿四年（一〇二七）長女妧子が誕生している（『中右記』天仁元年十月十日条、『栄花物語』巻三十）。角田文衞氏は、長女妧子誕生後、二女・三女が生まれたことを想定されている。次いで、長元八年（一〇三五）には長男俊房が（『公卿補任』保安二年）、長暦元年（一〇三七）には次男顕房が（『中右記』嘉保元年九月五日条）、そして長久元年（一〇四〇）には第四女麗子が誕生した。麗子は山井《やまのい》大納言と称された藤原信家（教通息、頼通養子）の養女となっている（『中右記』永久二年四月三日条）。

さらに寛徳二年（一〇四五）には三男仁覚が生まれている。

師房と尊子の間の女子について特徴的なのは、長女妧子が頼通嫡男通房の妻に（『栄花物語』巻三十四）、四女麗子が通房《みちふさ》亡きあと頼通の後継者となった師実《もろざね》の妻となっており（『中右記』永久二年四月三日条）、摂関家継承者と重ねて婚姻していることである。さらに、師実の孫である忠実《ただざね》は俊房女仁子、次いで顕房女師子と婚姻している。師房流は道長の子孫と婚姻関係を重ね、一体となって発展していった。摂関家が天皇のキサキを輩出する「后の家」だったとすると、師房流はさしずめ摂関家正妻を出す「北政所の家」として、摂関期から院政期への転換の時期を生き抜いていくのである。

以上のように、尊子は鷹司殿腹子弟の家である御堂嫡流との深いつながりの中で日々を送るが、その他、尊子の動静としては、長男俊房が前斎院であった後朱雀天皇皇女娟子内親王と密通事件を起こした際に「六条にいとをかしき所、大納言殿の領ぜさせたまひけるにぞ、おはしまさせたまひける」「大納言殿の上（尊子）、よろづにあつかひ申させたまふ」（『栄花物語』巻三十七）とあるように、夫師房とともに、所有する邸宅に娟子を迎え入れ世話していることが特筆される。その後、承暦元年（一〇七七）八月、病のため出家（『水左記』承暦元年八月十九日条）したのち、応徳二年（一〇八五）、八十余歳で没した（『栄花物語』巻四十）。

以上、本稿では「高松腹の姫君」である寛子・尊子の人生を追った。確かに、鷹司殿腹子女と高松殿腹子女を比較したとき、次妻格の所生である後者が前者の下位に位置づけられていたことは明らかである。しかし、そのことは、彼女たちが道長の政治戦略において、あるいは当該期の政治史において無意味な存在であったことを意味しない。鷹司殿腹の女子たちが、まさに望月の栄華を演出したとするならば、「冷泉皇統最後のキサキ」である寛子は、平安中期の政治過程の帰結を象徴する存在であったし、師房室となった尊子は、摂関家（御堂嫡流）が中世摂関家へ脱皮していく過程における「北政所の家」の起点となった。二人もまた道長の娘として、摂関政治のただなかを生きたのである。

主要参考文献

酒井みさを「上東門院の弟妹」『上東門院の系譜とその周辺』八章、白帝社、一九八九年
高橋秀樹「平安貴族社会の中の養子」『日本中世の家と親族』第二部第一章、吉川弘文館、一九九六年
角田文衞「源澄子」『王朝の映像』東京堂出版、一九七〇年
中村成里「『栄花物語』続編における村上源氏」『文芸と批評』一〇巻六号、二〇〇七年
野口孝子「摂関家の娘たち――藤原道長の娘尊子」『古代文化史論攷』一六号、一九九七年
服藤早苗『平安朝の家と女性』平凡社、一九九七年
服藤早苗「平安王朝社会の成女式」『平安王朝の子どもたち』第三部第三章、吉川弘文館、二〇〇四年（初出は二〇〇一年）
服藤早苗「平安時代の天皇・貴族の婚姻儀礼」『日本歴史』七三三号、二〇〇九年
山中裕「敦明親王」『平安人物志』第六章、東京大学出版会、一九七四年（初出は一九六九年）

第十一章 道長と関わった女房たち①

◉赤染衛門と紫式部

西野悠紀子

一 赤染衛門――倫子の女房、歌人、学者受領の妻

『紫式部日記』が描く赤染衛門

丹波守の北の方は、宮・殿の辺(わたり)では、匡衡衛門《まさひらえもん》と呼ばれています。(その歌は)格別に優れたもの(やむごとなききは)ではないけれど実に由緒ありげで、歌人だからと言っても、何事につけても歌を詠み散らすということはありませんが、世に知られている限りはちょっとしたおりの歌でも、それこそこちらが恥ずかしくなるような詠みぶりです。

これは『紫式部日記』の一節、当代の著名な女房を批評した部分の一部である。『紫式部日記』は寛弘五年(一〇〇八)、一条天皇の中宮藤原彰子の第二皇子出産時の記録であり、女房による「公的」な「仮名日記」である。この日記には中宮の出産準備から皇子誕生、その後の出産儀礼までの全過程が、奉仕した

個々の女房の名前・容姿を含め記録されているが、現存の日記にそれに加える形で記されているのが、当代の著名な女房評である。先にあげた部分はその一人赤染《あかぞめ》衛門《えもん》についての評である。

赤染衛門は藤原道長の妻源倫子（源雅信《まさのぶ》家）に仕えた女房であり、先に引用したように、式部の目から見て「やんごとなきほど」ではないが、彰子出産当時には人々から一目置かれる著名な歌人であった。また「宮（彰子中宮）・殿（道長）のわたり」では匡衡衛門で通っていたように、丹波守大江匡衡《まさひら》の妻として安定した地位を築いていた。彼女はおそらく賢人右府藤原実資《さねすけ》（九五七～一〇四六）とほぼ同年頃に生まれ、曾孫大江匡房《まさふさ》の誕生（一〇四一）以後、少なくとも八十代半ば以上で亡くなった。生没は実資の時代とほぼ重なり、ともに当時としては長命であった。またその生涯については『赤染衛門集』や夫の『大江匡衡集』により、時代を追って跡付けることができ、ここから当時の中流貴族出身の女房の姿を窺うことができる。

赤染衛門の出生と女房勤め

赤染衛門という女房名は、父赤染時用《あかぞめのときもち》から来ている。八世紀の赤染氏は写経生や画師《えし》、国史生、親王家の家令など、律令制を末端で支える下級官人を輩出する氏であり、その一部は宝亀八年（七七九）に常世《とこよ》連の姓を与えられた。しかし九世紀以後、その活動を記す資料は皆無に近い。時用自身は村上天皇の康保年間（九六四～九六七）、法家として衛門府に所属する中下級官人であった。一方衛門の母は大江氏ではないかとも推定されているが、出自は不明である。ただし平安末の歌学書『袋草紙《ふくろぞうし》』が引く「江記」（衛門の曾孫匡房の著述、現存部分には見えない）によると、衛門の実父は著名な歌人である平兼盛《かねもり》で、母が兼盛と離別後に衛門を生み、それを知った兼盛が子の引き渡しを求めて訴訟を起こしたが、時用の子であるとして認められなかったという話が書かれている。真相はともかく当時広く信じられていた話らしい。人々の衛門評価にも、歌人の血統という噂が影響を与えていたと思われる。

衛門は十代の頃宇多天皇の孫で参議であった後の左大臣源雅信家に奉公し、恐らくその娘源倫子（九六四生）付きの女房となった。倫子の母藤原穆子は醍醐天皇の母方従兄弟藤原朝忠《あさただ》の娘である。主人宅に房（部屋・建具で仕切られたスペース）を与えられて生活し、倫子の法輪寺参詣などの伴をし、主人一族の男性とも歌のやり取りをするなど、女房として忙しい毎日を送ったと思われる。特に倫子が道長と結婚した後は倫子宅に房を持って道長夫婦に仕え、しばしば道長の命令で歌を作っている。またこうした主人一家と女房の関係は、受領の北の方として主家を離れた後、彰子や藤原頼通ら子どもの世代まで、例えば頼通が倫子の七十賀を行う時に歌で召されるとか、息子大江挙周《たかちか》の任官を国母彰子に頼むとか、弔問の歌を贈るとか、様々な形で続いている。一方で『赤染衛門集』を見ても、同僚女房との交流を示す歌は案外少ない。ただ古参の女房として新参女房に気を遣う歌が見えるので、女房のリーダー格であったらしく思われる。

恋愛と結婚、受領の妻

寛弘五年（一〇〇八）生まれの菅原孝標女《たかすえ》は『更級日記』の中で、「昔気質（古代）の親は、宮仕へ人はたいそう辛いものであると思い」孝標女も家で過ごしていたが、三十を過ぎて「今の人は、そんなではいけないよ」と勧められて宮仕えの決心をしたと記している。孝標は衛門と同世代、衛門の夫大江匡衡と同様学者一族（菅原道真の玄孫）の出身であるが、「古代の親（女親）」という言葉には道長以前の貴族社会の親が女房に対して持っていたある種の忌避感、できたら宮仕えを避けさせたいという気分が表れている。こうした感情の背景には、道長時代に顕著になる貴族社会の序列化とその可視化への抵抗のほかに、宮仕えを通じた女房と高位の貴族との不安定な恋愛・性関係を危惧することもあったと思われる。実際そうした例は多く、和泉式部《いずみしきぶ》の娘小式部内侍《こしきぶのないし》は上東門院彰子に仕え藤原教通《のりみち》と愛人関係になるが、その子を産んだ後に頭中将藤原公成《きみなり》と結ばれ、出産時に亡くなっている。小式部と教通の間に生まれた子（静円）が「宮の僧都の中川の坊」で養育されているように、こうしたケースでは父がそのまま養育する例は少ない。

衛門の場合も、匡衡と結ばれる以前、その従兄弟にあたる大江為基《ためもと》と恋愛関係にあったらしく、『赤染衛門集』には為基歌群と言われる一連の贈答歌がある。為基は参議左大弁従三位大江斉光《ただみつ》の男で、その昇進は従兄弟の匡衡より早かったが体が弱く、摂津守を職務怠慢で免官されている。また彼は高階《たかしな》貴子の姉妹を妻としていた。後に藤原伊周《これちか》・隆家《たかいえ》兄弟が事件を起こしたときには、匡衡・衛門の夫婦も「ゆかり」として一時謹慎した。

為基と遠ざかった後彼女が夫としたのが、大江匡衡である。為基同様大江一族、文章博士、一条天皇の侍読などを勤める漢詩文にたけた学者であり、各地の受領などを務めるかたわら摂関家にも奉仕する、当時の典型的な中級貴族である。その文章からは強烈な自負心が窺える。彼との結婚も当初は通い婚であり、衛門の局に通って来ていた。ちなみに複数の女房がそれぞれ局に男を通わせる場合、時にはトラブルも起こった。衛門が代作した歌の中にも、ある女房と住みの関係にある男性が同じ邸宅にいる別の女房に懸想し、その女房の恋人のふりをして呼びだそうとしたのが妻にばれてやり込められた、という詞書を持つものがある。匡衡も「御主人の家の局（おおやけどころ）には行かない」（『赤染衛門集』84）など主人宅に通うのを嫌がる場面もあり、同僚の目もあって落ち着いた生活は望めなかった。こうした夫婦関係で子どもが生まれた場合、子どもの多くは妻が育てたらしい。従ってそこで育った娘は、母と共に主人の女童から女房になるケースも多く、女房の譜代化《ふだい》が生じている。衛門の場合も、子どもが生まれてしばらくはこうした別居生活が続いたらしく、匡衡が子どものためにタケノコなどを贈ってきている。

衛門と匡衡がいつ頃から同居に移行したのかは不明であるが、匡衡が幼い子にタケノコを贈った頃以後、通いを示す歌が見られなくなり、関係が安定し同居に入ったと思われる。二人の結婚は「匡衡衛門」と言われるくらい旨くいき、例えば藤原斉信《ただのぶ》に位を越されたことをすねた藤原公任《きんとう》が、辞表を出そうとして匡衡に文を頼んだものの気に入らず、落ち込んだ匡衡が衛門に相談した所「五代の太政大臣の裔」公任のプライドを満足させる文章にしたらと言われ、その通りにしたら満足されたなど、夫婦で問題解決に当たったりしている。匡衡はいくつかの国の受領を経験しているが、特に尾張守には二度任じられ、衛門も同行した。最初の尾張下向は長保三年（一〇〇一）、都を離れるという恐らくは初めての経験からか、かなり詳しい旅の記録を残している。国司の過酷な支配を訴えた「尾張国郡司百姓等解文《おわりのくにぐんじひゃくせいとうのげぶみ》」に見られるように、尾張は支配の困難な国とされ、前任国司も訴えられて解任された。匡衡の任期中にもトラブルがあったらしく、衛門も神に歌を捧げた。しかし匡衡はそつなく務めたとみえ、任期を全うし熱田社に大般若経の奉納までしている。またこの間にも年号（寛弘）の勘申など、学者としての影響力を保っていた。一方衛門の方は支配地の人々への関心はほとんど見られず、和泉式部の離婚をめぐる騒動への助言や、息子の結婚問題、和泉と離婚した橘道貞《たちばなのみちさだ》が次の妻右京命婦《うきょうのみょうぶ》を伴って陸奥へ赴任する途中立ち寄った時のもてなしや隣国の受領との歌のやり取りなど、一家の北の方としての役割を果たしている。しかし四年間過ごした尾張を去る時「こころだに（心さえも）とまらぬ　かりの宿なれど」（『赤染衛門集』二〇二）と詠んでいるように、受領の妻として暮らした土地への愛着はあまり見られない。帰京後衛門は倫子のもとに帰参し、匡衡は美濃国の受領を望み工作するがかなわず、寛弘六年（一〇〇九）匡衡はふたたび尾張守となった。しかし翌年式部大輔になったことで、都に近い丹波守に遷る。最初にあげた『紫式部日記』の呼び名はこの時代のものである。匡衡は寛弘八年（一〇一二）、一条院四十九日の願文を執筆するが、翌年六十一歳で亡くなった。

衛門の子どもたち

赤染衛門と匡衡の間には、少なくとも二人の娘と一人の息子がいた。娘の一人は江侍従《ごうのじじゅう》（九七三～一〇五三頃）と呼ばれ幼少から母と同様道長一家に仕え、道長の家司《けいし》受領高階業遠《なりとお》（九六五～一〇一〇）と結婚、業遠の死後二十歳年下の藤原兼房《かねふさ》（道長兄道兼《みちかね》の孫）と結婚、後に道長女で三条天皇中宮の藤原妍子とその娘禎子内親王（後朱雀皇后）にも仕えた「譜代」の女房である。彼女は母譲りの歌の才能に恵まれ、『後拾遺和歌集』にも入集している。母の集を最終的にまとめたのも彼女らしい。もう一人の娘は何人かの貴族と交渉があり、母の衛門が歌の代筆をしているが若くして亡くなってしまった。息子挙周《たかちか》（九七六頃～一〇四六）は文章博士、後一条院侍読を勤める一方、和泉守に任命されるなど、父と同様の道を歩んだ。この息子については『匡衡集』の詞書から赤染の実子ではなく実母は中将尼であるとする説があり、研究者の中でも支持・不支持に分かれている。彼は漢学の素養があるにもかかわらず、私家集を持つ父と異なって歌を詠むのは苦手だったらしい。彼は一族の大江雅致《まさむね》の娘（和泉式部の妹）と結婚後離別、その後高階明順《あきのぶ》の娘と結婚し一子を儲けるがそれも離別と、短期間の結婚と離婚を繰り返している。生まれた子は衛門が引き取った。求婚から離別後までその度息子に代わって文を送り、歌を代作したのが母の衛門である。その中には息子に代わって衛門が詠んだ歌に、妻の姉和泉式部が代作した歌を返しているものもあり、当時の貴族社会の状況が窺える。衛門はまた先に触れたように、天皇側近の女房だけでなく、司召《つかさめ》しの前には上東門院彰子にまで息子の任官運動を行った。蔵人《くろうど》を望んだ挙周が内記に任じられた時には、蔵人の望みを天皇に働きかけるよう、右衛門命婦に頼んでいる。もっとも挙周は首尾よく蔵人になったものの激務のため妻と過ごす時間がなくなり、妻と離別するはめになった。挙周は和泉守を務めたのち大病にかかり、その原因が住吉の神の祟りにあると聞いた衛門は、祟りを鎮めるための歌を住吉の神に奉納した。その後挙周の病が癒えたことから、後代には歌の功徳の故事として伝わっている。挙周は妻たちと別れたのちは衛門と同居していたらしく、羽振りの良い受領として家の改築なども行った。衛門の晩年の歌に、挙周の住む方だけ「たてじとみ」を新調して私の方はほったらかし「私は荒れた宿に居ろと言うの」という、ユーモアを交えた抗議の歌がある。

衛門と挙周の母子関係は、現代の目から見てかなり過保護に見える。しかしこうした在り方は、「家」の格をいかに守り上げるかという「家」確立期の貴族社会の在り方と、どこかで関わっているのである。

赤染衛門の年代がわかる最後の作は長久二年（一〇四一）、曾孫匡房の誕生を祝う歌である。産着を縫って届け、七日夜には絶えることのない「家の風」を願う気持ちを歌にしている。ここからも曾孫の誕生による家の発展に期待をかける、衛門の「家」意識が窺える。

歌人としての赤染衛門

「やすらはで寝なましものを　小夜更けて　かたぶくまでの　月を見しかな」、「百人一首」に見えるこの有名な歌は、衛門が十代後半の頃、最も早い時期の作である。しかしこの歌は衛門自身の感情を詠んだものではない。少将時代の藤原道隆《みちたか》の愛人となり、その後男の愛が薄れた妹に代わって、薄情な恋人に宛てて詠んだ代作である。ちなみに先の『袋草紙』には、恋人を待つ妹の許に（恐らく歌の力で）道隆に化けた妖怪が訪れ、異常妊娠をさせるという話があり、平安末期には妖怪譚に変化している。この歌に限らず衛門の歌には、息子や娘など親族に代わり、また主家の要請に応じて詠んだ歌が多い。社交の手段としての歌である。その背景にはこの時代特有の和歌の役割があった。

十世紀から十一世紀にかけて、様々な場で「歌合」や歌を伴う「物あわせ」が盛んになる。歌合の記録上の所見は九世紀末の在原行平《ありわらのゆきひら》家の歌合であるが、宇多〜醍醐天皇の時代になると中宮や御息所が主催する歌合が催されるようになり、また庚申待ちの遊びの一つとして、貴族の屋敷でも歌合が行われるようになった。そのハイライトは村上天皇の時代、天皇主催で行われた「天徳内裏歌合」である。こうした歌合の場には女房も左右の方人や応援団として参加し、中には召人として歌を出す女房も現れるようになる。衛門はそうした女房の先達であった。同様に衛門が活躍した場が、様々な祝いの盛儀に伴って新調される屏風絵の歌の制作である。季節にふさわしい絵が描かれ、それにふさわしい歌が詠まれ、当代きっての書家の手で色紙に記される豪華な屏風。それは晴れの儀式を主催する一家の権勢と、貴族社会での序列を可視的に示すものである。その例は彰子入内の際の屏風絵制作の顛末に詳しい。こうした屏風絵の歌は、歌合せの歌と同様、あらかじめ与えられた題にそって、先例を踏まえて詠む必要があった。衛門は代作を引き受けた当人の心に沿って読むことができるのと同様、与えられた題に沿ったふさわしい歌を作ることができるまれな素質を持っていた。女房としての歌人の典型といってよい。彼女は「よろずのこと」を読みちらす、言い換えれば迸る《ほとばし》感情をすぐれた言葉のセンスで表現する和泉式部とは全く異なったタイプの歌人だったのである。『袋草紙』にも赤染衛門と和泉式部の歌について、屏風絵や歌合せの歌の場合、衛門を「慥《たし》かなる歌読」であると評し、こうした場では式部はかなわないのではないかとしている。

衛門はまた『栄花物語』正編の主要な作者であると考えられている。確かに多くの資料を駆使し道長一家の栄華をたたえるこの書の作者として、彼女は最もふさわしい人物である。ただしこの書において、彼女自身は倫子七十賀の屏風絵の読み手として見えるくらいで、ほとんど姿が見えない。

二　中宮女房・紫式部とその同僚——公と私の狭間で

内の女房、キサキの女房

女房は天皇から貴族まで、主人の邸宅に部屋（房）を与えられ、主人の身近で奉仕する上級の女性使用人である。律令制下の内裏には後宮十二司が置かれ、女性官僚が諸司への天皇命令の伝達を含む天皇の生活全体を取り仕切っていた。平安遷都の後、キサキの内裏居住が始まると、天皇直属の女官とは別に皇后直属の女官の定員も定められ、天皇の政務のほとんどが大極殿地区から内裏に遷る十世紀には、後宮十二司も内侍司を中心に再編された。「女房」という言葉が広く使われるようになるのはこの頃からであり、天皇直属の女官は「内の女房」と呼ばれた。この時期の天皇は醍醐であるが、父の宇多は譲位に当たって天皇の心得を『寛平《かんぴょう》の御遺戒』にまとめて与えている。そこには若い天皇を母の身内で支える構想が示され、後宮女官のトップについても母の妹と老練な女官の組み合わせが考えられた。また親王「家」で親王時代の天皇を養育した乳母《めのと》が、内侍司の次官である典侍に横滑りし女房集団の事実上のトップを占めるようになるなど、後宮十二司の姿を残しつつも、天皇個人に密着し奉仕する集団としての性格を濃くしていった。とは言え「内の女房」の役割は天皇が行う日常政務・儀礼を支えることにあり、実務的能力が要求される。キサキや斎院の女房に比べ著名な歌人が見当たらないのはそのせいである。

「内の女房」に対してキサキの女房の職掌や実態は不明な点が多いが、皇后（中宮）の場合、立后時「女房三役」に就く女房を中心に、「公的な」女房の任命が行われている。例えば天元五年（九八二）、藤原遵子の立后に伴う中宮職と女房任命記事によると、后の意を受け対外交渉に臨む宣旨《せんじ》には、中宮の姉で皇太后大夫源重信《しげのぶ》の妻、御匣殿別当《みくしげどののべっとう》には中宮の従兄弟で参議藤原佐理《すけまさ》《さり》の妻、内侍には信濃守藤原陳忠《のぶただ》の妻が任じられた。宣旨、御匣殿には中宮の身内で高官の妻が就いており、キサキの身内が女房を選び経済的にも支える体制を取っている。彰子入内の際に編成された女房集団も、道長・倫子によって選ばれたと思われるが、キサキを支える年上の身内のほかに、すでに定評のある皇后定子の女房集団に負けない文学的センスを持つ女房を集め、天皇を引き付ける必要があった。『栄花物語』（巻六「かかやく藤壺」）には彰子入内の時付き添った女房を四十人とし、四位五位の女（貴族）であっても、世間づきあいが悪く、生い立ちが芳しくないものは採用せず、「ものきよらかに、成出よきをと」選んだと書かれている。また道長の地位が他から隔絶していく中で、それまで女房になることが考えられなかった公卿や大臣の娘でさえ中宮の女房となるケースが起こってきた。序列の強化である。太政大臣藤原為光《ためみつ》五女や伊周《これちか》の二女周子も中宮の要請で女房となった。また為光四女は花山院の没後倫子の要請で姫君の侍女となったが、道長が愛人にしている。紫式部についても、『尊卑分脈』に御堂妾と書かれているように、道長と愛人関係にあった可能性もある。

出仕までの紫式部

紫式部（生没年未詳、九七五年前後の生まれか）については今更言うまでもないが、『源氏物語』の作者として当時から高く評価されていた。彼女も代々歌人を出した一族の出身で、父藤原為時《ためとき》も漢学者として著名な人物である。従って彼女も幼いころから兄弟の横で漢文を学び、「この子が男であれば」と父を嘆かせた。しかし父は政治的には不遇で、老年になってようやく越前守や越後守に任じられ赴任した。幼い時ともに漢籍を学んだ兄弟の藤原惟規《これのり》は寛弘八年（一〇一一）、越後の父の下に下向してほどなく現地で亡くなっている。

少女時代の式部は、友人にも恵まれていた。百人一首に採られた「めぐりあひて」の歌は、幼友達との久しぶりの再会と別れをうたったものである。お互い受領の親を持つ彼女たちは都をはなれることも多く、常に会える環境ではなかった。式部も長徳二年（九九六）父の越前赴任の時には同行し、約一年半を越前国府で過ごしている。しかし冬の雪が多い越前の生活は都から来た式部にとっては意に染まないものであったらしい。『紫式部集』には往路の所々で詠んだ歌に対して、越前での生活の中で詠まれた歌は非常に少ない、降り積もった雪で雪山を作ったから出ておいでと誘われた時も「これが古里に還る野山なら」と望郷の思いを隠していない。兄弟の惟規も父の任国越後へ行くとき、逢坂の関を越えたところで都が恋しいと読んでいるから、これが都の貴族の一般的な感覚だったのだろう。讃岐守時代の菅原道真が受領としての任務をこなしながら都へ帰還することをひたすら待ち望んだように、行政官である受領本人や赤染衛門のような妻でさえ、都での生活を待ち望んでいた。まして成人した子どもたちにはそうした傾向がより強いことは、両者の歌集から窺うことができる。その後帰京した式部は、二十近く年上の藤原宣孝《のぶたか》と結婚、長保元年（九九九）娘賢子（大弐三位）も生まれたが、長保三年（一〇〇一）四月には宣孝と死別、『源氏物語』を書き始めていたらしい。

式部と彰子の女房たち

寛弘二、三年（一〇〇五、六）頃の十二月二十九日、すでに『源氏物語』が世に知られていた式部は中宮彰子の下に初出仕した。後にこの頃を思い浮かべて「うとましの身の程」と記しているように、式部にとって宮仕えは喜ばしいものではなかった。道長・倫子夫妻が集めてきた女房集団は寛弘五年（一〇〇八）敦成《あつひら》親王（後一条）誕生時に役を務めた讃岐宰相君（藤原豊子、道長兄藤原道綱《みちつな》女）、大納言君（源廉子、倫子兄弟源扶義《すけよしふぎ》女）、小少将君（倫子兄弟源時通《ときみち》女）など、ともに彰子の従姉妹で「やんごとなき」公卿クラスの娘や、紫式部や同年代の和泉式部など評価の高い作家や歌人、さらにより若い世代だが数代続く和歌の名門で文学界の重鎮、大中臣輔親《おおなかとみのすけちか》を親に持つ伊勢大輔《いせのたいふ》などそうそうたるメンバーが揃っているが、それだけにプライドも高く、彼女たちとの付き合いに苦労した。例えば出産後の彰子が初めて入内する時、式部は馬中将とともに五台目の車に乗ったが、地位の劣る式部との相乗りを嫌った馬中将が「悪い人と乗ったよ」と思っていることを態度で見せられ、式部も憂鬱になっている。馬中将については左大将藤原済時《なりとき》女淑子などの説があるが、いずれにしても公卿クラスの父を持つ女性らしい。

道長・倫子が式部に期待したのは、『源氏物語』作者の名声の独占とともに、彰子の教育の担い手としての役割であった。式部は密かに彰子に「楽府《がふ》」を講義し「日本紀の局」と呼ばれたが、「受領の寡婦風情が上品ぶって」（『紫式部集』六十三）と言った同僚女房の嫉妬めいた視線の中で、一方で漢字の「一」さえ読めないふりをすることもあった。さきに紫式部を妾と記した所があることに触れたが、『紫式部日記』には中宮の下に伺候している間に私室に隠しておいた『源氏物語』の草稿を道長が勝手に持ち出して妍子のところに持って行ってしまったという記事もあり、道長の女房に対する扱いの有様を窺うことができる。

『紫式部日記』には「宰相の君」を始めとする彰子側近の女房について記した部分がある。主に個々の女房のかたち（容姿）が記され、特に髪の長さ美しさが特記されている。女房を選ぶ場合も、考慮されたのだろう。一方その内面や性格については、一長一短あるとして、記述を避けている。また「したり顔で漢字を書き散らしているけれど、よく見たらたいしたことはない」という有名な清少納言評にあるように、亡き定子皇后（それを代表する清少納言）の女房集団や浮世離れした環境で風雅の道だけを究めればよい大《だい》斎院《さいいん》選子のサロンへの批判と対抗意識、しきたりに詳しい内の女房・博士命婦《はかせのみょうぶ》文室《ふんや》時子を「ペラペラといい気になってしゃべる」とか、五節の時に弘徽殿女御方で奉仕していた左京馬という女房への当てこすりなど中宮女房としての優越意識が垣間見える一方、彰子の女房集団の抱える問題点——公卿や殿上人との対応さえ上手くできない上流貴族出身の女房たちなど——にも目を向けざるを得ない現実が存在していることも認識し、こうした現実を前に仏の救いに心を惹かれ、しかし思い切って出家もできない複雑な心境を抱えている。

彰子の女房集団は、彰子自身が長命で国母として権力の中枢にいたこともあって、世代交代を重ねている。式部自身は少なくとも長和二年（一〇一三）五月頃までは、公卿と皇太后彰子の間の取次役を務めていたことが、藤原実資の日記『小右記』（長和二年五月二十五日条）の記事からわかっている。しかし三年後の長和五年（一〇一六）四月二十九日、父為時が三井寺で出家した時には、式部はすでに亡くなっていたのではないかと推測されている。

式部の娘賢子と女房の譜代化

紫式部の娘賢子は長保元年（九九九）頃誕生、母が彰子の下に出仕した後、恐らく十代で彰子の下で女房になった。母と異なり社交的で明るい性格であった賢子は、道長の子藤原頼宗《よりむね》や公任長男の藤原定頼《さだより》、源時中《ときなか》の子朝任《あさとう》など摂関家周辺の男性貴族と付き合いがあり、万寿二年（一〇二五）二十七歳ころに中納言藤原兼隆《かねたか》（道兼男）の女児を産んだ後、八月に誕生した東宮敦良《あつなが》親王（後朱雀）の第一皇子親仁《ちかひと》親王（母は道長と倫子の末娘藤原嬉子、出産時に死亡）の乳母となった。彼女は祖父為時の任地にちなんで越後の弁・弁の乳母と呼ばれ、親仁親王の即位（後冷泉天皇）に伴って典侍、従三位となった。その間彼女は、敦良・親仁二代の東宮権大進を勤めた高階成章《なりあき》の妻となり、天喜二年（一〇五四）成章が大宰大弐になった後は大弐三位と呼ばれた。

賢子に限らず、彰子の時代、初期の女房の娘世代が母に次いで御堂流一門の女房となり、歌人として活動する例が、赤染衛門の娘江侍従、和泉式部の娘小式部内侍や、伊勢大輔の娘で頼通の娘藤原寛子の女房筑前（康資王母《やすすけおう》）など多く見られるようになる。また道長の娘の立后、皇子出産に伴い、道長・倫子とその子によって選ばれた女房が乳母として奉仕し、三位典侍の地位に就くことも多くなる。一方で『栄花物語』（巻九「いはかげ」）には、すでに一条院の死後、故院の女房たちが新しい天皇に仕えるのではなく、中宮彰子、東宮敦成親王、脩子内親王、敦康《あつやす》親王など院ゆかりの人々に仕えるために内裏を去るというくだりがあり、内裏女房と御堂流一族の垣根が、女房の動きからも変化しつつあることが見えてくる。頼通以後の女房の姿は、これを受け継いでいるのである。

主要参考文献

今井源衛『紫式部』吉川弘文館、一九八五年
加藤静子『王朝歴史物語の方法と享受』竹林舎、二〇一一年
後藤昭雄『大江匡衡』吉川弘文館、二〇〇五年三月
斎藤熙子『赤染衛門とその周辺』笠間書院、一九九九年
服藤早苗『藤原彰子』吉川弘文館、二〇一九年
山中裕編『平安時代の歴史と文学』文学篇、吉川弘文館、一九八一年
吉川真司『律令官僚制の研究』塙書房、一九九八年
伊藤博他校注『土佐日記・蜻蛉日記・紫式部日記・更級日記』岩波書店（新日本古典文学大系）、一九八九年
関根慶子他『赤染衛門集全釈』風間書房、一九八六年
南波浩校註『紫式部集　付大弐三位集・藤原惟規集』岩波書店（岩波文庫）、一九七三年
林マリヤ『匡衡集全釈』風間書房、二〇〇〇年
藤岡忠美校註『袋草紙』岩波書店（新日本古典文学大系）、一九九五年

第十二章

道長と関わった女房たち②

◉天皇の乳母たちと彰子の従姉妹たち

服朗会

一 道長と女房

中宮彰子のもとには、倫子の兄弟の「くわがゆの弁」の中の君がお仕えしていた。中の君は藤原伊《これ》周《ちか》の北の方のご兄弟の源則理《のりまさ》を婿にお迎えになったのだが、夫婦仲が絶えたので彰子のもとに出仕していた。可憐で優美だったので道長の目にとまり関係をもった。倫子は姪なので別に他人ではないのでそのままにしておいた（『栄花物語』巻八）。

道長は父兼家に学んだのか側に仕えている女房と性的関係を持つことが結構多かったようである。もっともこの「くわがゆの弁」の中の君をめぐっては後述するようにいくつかの説があるようだが、道長が紫式部と性的関係を持ったかどうか、日本文学研究では相当数の論文があるという。道長は多くの女房に囲まれていた。同居していた正妻源倫子の女房、息子や娘たちに誕生と共に付けられる乳母《めのと》や女房、さらに天皇や東宮への入内のみならず、次妻源明子の娘が婿取った場合も、多くの女房を任命する。入内の際に付けられる女房は、ほぼ二十〜三十名だとされている。さらに天皇には「内の女房」と称される女性が三十数名いるので、相当数の女性たちが周囲にいたことになる。

『藤原道長事典』の「道長をめぐる人々」では、百七十三名中、女性は二十三名、その中で女房は一条天皇の乳母の橘徳子と藤原繁子が掲載されている。この二人も含め、興味ある六人の女房を取りあげてみた。

二　藤原繁子と橘徳子——一条天皇の乳母

藤原繁子

繁子は左大臣藤原師輔《もろすけ》の娘で藤原道長の叔母である。寛弘八年（一〇一一）に「前典侍《さきのないしのすけ》、従三位なり。世に藤三位《とうさんみ》と号す」（『権記』八月二日条）とあり、『大鏡』には「故一条院の御《おん》めのとの藤三位」とある。母親の出自が低かったためか、最初は姪である藤原詮子の女房となった。しかし、そのことが一条天皇の乳母への道を開き、典侍さらには三位まで昇り、後宮に君臨する最高統括者となったのである。史料に残る繁子の子は、一条天皇誕生の四年後の永観二年（九八四）に誕生した藤原尊子だけであるが、乳母に任命されたことから考えると、他に一条天皇と同時期に生まれた子どももがいたと推察される。

尊子は、繁子の甥である道長の同母兄藤原道兼《みちかね》との間の娘だが、『栄花物語』巻三では、道兼には認められない存在であったとされている。そのうえ道兼は、尊子の裳着《もぎ》の二年後には、亡くなってしまう。そこで繁子は、受領で財力のある平惟仲《これなか》と結婚し、長徳四年（九九八）二月に尊子の入内《じゅだい》を成し遂げた。惟仲は、従二位中納言にまで昇り、受領階級としては破格の昇進を遂げた。有能とされ機を見るに敏であった惟仲だが、その昇進は繁子の存在も大きかったに違いない。

さて、長保二年（一〇〇〇）八月二十日、尊子が女御になった日のことである。繁子が蔵人頭藤原行成《こうぜい》《ゆきなり》に女装束を纏頭《てんとう》（祝儀として与える）しようとしたが、行成がそれを拒否した記事がある。繁子は諦めずに行成の屋敷にまで送り付けてきたが、行成の室もまた「貰う理由がない」として受け取らなかったと記されている。面目をつぶされた繁子は「此の事を恨みに思って、院（詮子）、並びに左府（道長）に訴えた」が、行成は「甚だ愚かなり」と切り捨て、妻の行動を褒めている（『権記』）。なぜ行成はそこまで纏頭を拒否したのであろうか。

行成は、師輔の長男藤原伊尹《これまさ》の孫で、母親は中納言源保光《やすみつ》女である。繁子は師輔の娘ではあるが母の出自は低いとされる。そんな繁子が後宮の最高統括者として我が物顔に振る舞い、さらには女御の母として、行成に対し臣下のごとく女装束を纏頭しようとしたことに、我慢ならなかったのかもしれない。

繁子の生没年は不明であるが、先に引用した寛弘八年の『権記』の記事に続いて「出家して比丘になり好明寺にすむ」と記されており、惟仲が没した寛弘二年以降には出家したと思われる。甥の道長とは馬が合ったのか、尼になった繁子を道長は何度となく好明寺にたずねている。

橘徳子

橘徳子は播磨守橘仲遠《なかとお》の娘で、母は不明である。長保二年（一〇〇〇）、「御乳母橘徳子を従三位に叙す」（『権記』正月二七日条）とあり、受領の娘でしかない徳子が、繁子と同様に後宮女房の最高位に昇った。

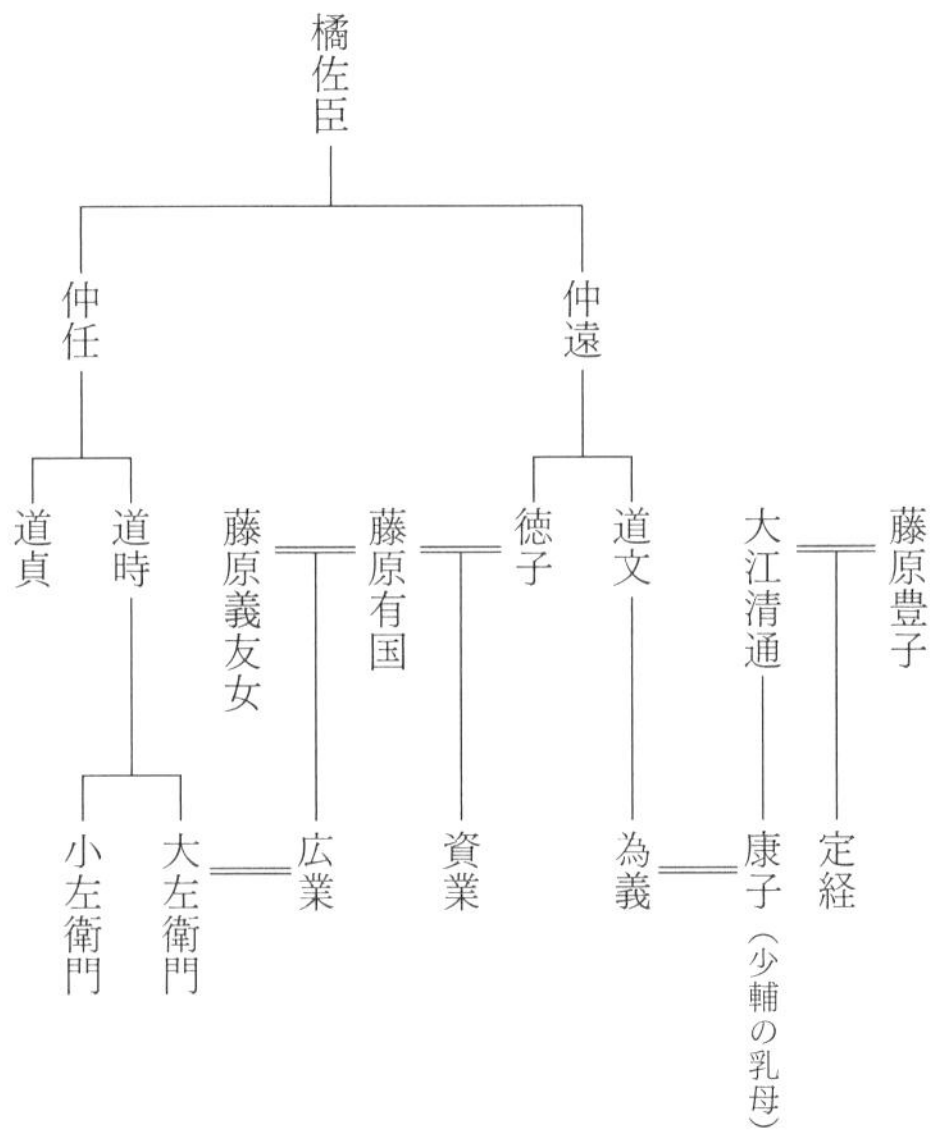

徳子の夫の藤原有国《ありくに》は、繁子の夫惟仲と共に、藤原兼家《かねいえ》に「左右の御まなこ」（『栄花物語』巻三）と言わせたほどの有能な家司であった。一条天皇の乳母選定の折に、兼家が信頼を寄せる有国の妻であった徳子を推したとも想像できる。徳子の子で確認できるのは、八年後に生まれた藤原資業《すけなり》だけで、それ以前に夭折した子がいたと考えられる。

有国は、兼家死後、その息子の道隆に嫌われ不遇な一時を過ごすことになるが、道長の時代になると、長徳元年（九九五）には大宰大弐となった。『栄花物語』巻四には、徳子と共に堂々と大宰府に下った様子が描かれている。有国の不遇な時代に天皇の乳母である徳子が、彼の復権に尽力したであろうことは想像できる。その後、有国は従二位参議まで昇った。

道長のこの夫婦への信頼は、寛弘五年（一〇〇八）の敦成《あつひら》親王誕生時に見ることができる。徳子は乳付《ちつけ》となり、乳母には徳子の従弟である橘道時《みちとき》の娘大左衛門が選ばれ、その夫は有国の息子藤原広業《ひろなり》（母は藤原義《よし》友《とも》の娘〈『公卿補任』〉）で、御湯殿《おゆどの》の儀で読書《とくしょ》となり漢籍を読み上げている。また、大左衛門の妹と思われる小左衛門は、五日の産養《うぶやしない》で陪膳《ばいぜん》を奉仕している。さらに敦成親王の乳母で五十日《いか》の祝いで禁色《きんじき》を許された大江清通《きよみち》の娘少輔《しょう》の乳母の夫は、徳子の甥で道長の家司の橘為義《ためよし》である。彼もまた三日の産養で中宮権大進として働いている。

　こうした一族を挙げての奉仕は、徳子にとって、この上ない栄誉であったろう。同じ一条天皇の乳母の繁子は七夜の祝いに参加してはいるが、すでに前典侍であり一線を退いたと考えられ、名実共に後宮の実質的最高統括者の地位を実感したに違いない。また息子の資業は、敦成親王の家司に選ばれており、父親の有国には及ばないが、敦成親王の東宮学士などを経て従三位非参議に叙されている。

　徳子の記録は、寛弘七年（一〇一〇）の敦良《あつなが》親王の百日《ももか》の宴席で陪膳を務めたのが最後である（『御堂関白記』）。有国が翌年没しているので、その後出家したか、亡くなったのかもしれない。


（服朗会　茂出木公枝）

三　藤原豊子と大江康子——後一条天皇の乳母

　藤原道長は皇位継承者と期待される外孫たちの乳母を、親族や正妻源倫子、長女彰子の女房や乳母という強縁の人たちで固めた。それは乳母の夫や子どもたちをも含んでいた。

　藤原豊子一家もその一例である。豊子は道長の異母兄藤原道綱《みちつな》の娘、『蜻蛉日記』の作者の孫になる。本来なら姫君として上層貴族を婿に迎えるはずであるが、母の出自が低かったのか女房として出仕している。夫大江清通との間に定経《さだつね》がいる。

　大江清通には他の妻所生の「少輔の乳母」がいる。名は大江康子で、豊子と一緒に敦成親王の乳母として出仕した。康子は夫橘為義との間に義通《よしみち》がいる。後に「江典侍」「江三位」と呼ばれ、長元五年（一〇三二）

三月二十七日典侍を辞した（『左経記』）。

豊子と康子は、一条天皇と彰子の皇子、すなわち道長外孫の敦成親王の誕生から後一条天皇として即位し崩御するまで、彼の生涯に亘り、常に傍に寄り添い懸命に奉仕した。それは後に、入内した藤原威子やその皇女章子内親王への対応にも共通の姿であった。

先ず豊子は、寛弘五年（一〇〇八）九月以降の、敦成親王の誕生に関わる一連の行事に活躍する。すなわち、彰子陣痛の時から倫子とともに介添えをし、出産後の御湯殿の儀、五十日儀のまかない等に奉仕している。内裏に還御する際には、少輔の乳母康子がしっかりと敦成親王を抱いて倫子と共に彰子の次の車に乗る。豊子は三番目の車である。大清通も産養に参加して重要な役割を勤めている（『紫式部日記』『権記』）。翌寛弘六年十一月、彰子の二番目の皇子敦良親王誕生にも豊子は御湯殿に奉仕する。翌年の、五十日儀にも参加している。この時は、「傅の大納言供膳」と父大納言道綱も陪膳を勤めている（『紫式部日記』、『御堂関白記』、『権記』寛弘七年正月十五日条）。

また、寛仁二年（一〇一八）三月、後一条天皇に彰子の同母妹威子が入内するに際しては、息男の蔵人式部丞定経が輦車宣旨《れんしゃせんじ》を伝えている。万寿三年（一〇二六）九月二日、中宮威子が出産のために内裏から中納言藤原兼隆《かねたか》邸に退下した折りには、「内裏より御送に参る女房十四人に禄を給う〈藤三位長絹四疋・例七疋、江典侍長三疋・例六疋、以上御乳母〉」とあり、豊子は藤三位、康子は江典侍と称され供奉《ぐぶ》している（『左経記』）。豊子は治安三年（一〇二三）正月にすでに従三位とみえるが、康子が三位と見えるのは長元九年（一〇三六）なので、豊子の方が早く三位になったようである。年長であったからか、父親の出自が上位だからだろうか。その後、十二月九日、威子が章子内親王を出産した際には、「藤三位切り奉る〈内御乳母《うちのおんめのと》なり〉」とあり、豊子が臍の緒を切っている。また、翌日には、「御沐浴《おんもくよく》〈藤三位奉仕されると云云。宣旨は御迎え湯〉」と沐浴も行っている（『左経記』十二月九日、十日条）。

さらに、威子は章子と馨子両内親王を出産した後、長元八年（一〇三五）六月二十三日流産をした。源経《つね》頼《より》は中宮宣旨から、「（中宮様は）二日前に水が出て、下血もあったので、藤三位を招いて密々に事情を話しました」と伝えられている。豊子は、内々にその報せを受けて後一条天皇に知らせた。次こそ男皇子誕生を望んだに違いない周囲の思いはいかがであったろうか。後一条天皇が「おぼし歎くこと限り無し」と記されている（『左経記』）。

翌年、長元九年四月十七日、後一条天皇が二十八歳で崩御すると、一家中の三人、豊子・康子・定経が素服《そふく》を賜っている。夫清通は記載がないが、豊子とはかなり年齢が離れていたようなので歿していたと推察される。乳母子《めのとご》だった定経は、後一条天皇の蔵人を務めたこともあり、葬送儀式の最後まで奉仕している（『左経記』）。さらに豊子は天皇崩御後まもなく出家している（『栄花物語』巻三十三）。

いっぽう夫清通は彰子入内後、中宮亮・皇太后亮・太皇太后亮として、受領の不在期を除き常に彰子の傍らで奉仕している。道長の信頼は極めて厚く、物忌などと称して度々清通邸に移っている。時には倫子も同道した。万寿二年（一〇二五）、倫子所生の末娘藤原嬉子が薨去した際には「清通法師造棺」（『小右記』万寿二年八月六日条）とあり、これが彼とされているが、そうだとすると親子二代にわたって道長家の葬送の深部にまで関わった可能性がある。

豊子について紫式部は、身長は程よい高さで、肉付きはふっくらし、実に華やかな美しさがあって魅力的で、立ち居振る舞いも優雅であり、衣装に関しても、配色、素材の組み合わせ、縫い方にまで配慮を怠らない、と記している。また、二人は親しい間柄で、しみじみと語り合ったり、豊子の昼寝姿を紫式部が垣間見たりしている。(『紫式部日記』)。えり好みの激しい紫式部から見て、豊子は理想的な容貌のうえ、衣装等のセンスも良かったらしい。

豊子は、道長夫妻にも信頼され、多くの儀式に奉仕し、膨大な禄を下賜されたことが指摘されている。その代表的な事例は禎子内親王の裳着における髪上げの奉仕であり、この儀式に用いられた調度の一切合切を賜ったと『栄花物語』巻十九に詳しい。おそらく豊子の老後はその名の通り豊かであったに違いない。

こうして道長一族の様々な儀式には、常に中心となって女房の職務を果たした姿は有能な十二単のキャリアウーマンであったと推測されるのである。

(服朗会　河村慶子)

四　大納言の君(源廉子)と小少将の君——彰子の従姉妹たち

大納言の君と小少将《こしょうしょう》の君の二人を一緒に取り上げたのは、この二人に多くの共通点があるからである。ここでは主に『紫式部日記』を中心に二人をみていきたい。二人は中宮彰子の後宮に仕えた女房としてでてくる。大納言は源扶義《すけよし》女、小少将は源時通《ときみち》女とされている。二人の父親は彰子の母源倫子の兄弟で、彰子とは従姉妹になる。三人は左大臣源雅信《まさのぶ》(宇多天皇孫)の孫である。小少将は幼少時に父親の時通が出家してしまい、倫子の母、すなわち外祖母の藤原穆子に育てられた。ただし、大納言と小少将には従姉妹説と実姉妹説とがあるが、『紫式部日記』には二人が実の姉妹とは述べられていないので、従姉妹説が有力である。道長は中宮彰子の後宮を充実させるため、女房には高貴な出自の人や、能力のある女性を求めた。二人はどちらも申し分なく、彰子にとって血縁関係の近い信頼のおける女房たちであった。

大納言は実名源廉子とわかっているが、何故大納言と呼ばれていたかは不明である。敦成親王の立太子に伴い東宮宣旨の役職に就き、従三位となったことは史料的に解明されている。いっぽう、小少将の実名はわかっていない。小少将の女房名は、同母兄源雅通《まさみち》が四位の少将とか源少将とよばれたので、ここから付いたのではとされている。

二人の彰子の元への出仕は、寛弘初年あたりで、年齢は彰子より何歳か年長と思われる。二人とも彰子の最も近くに仕えている。日常生活でも宣旨、宰相《さいしょう》、宮《みや》の内侍《ないし》、紫式部と共に彰子の傍らにいた。大納言は「夜々は御前にいと近う臥し給ひつつ、物語し給ひしけはひの恋しきも……」（夜ごと中宮様の御前すぐ近くに臥しては色々話して下さった様子が恋しい）と紫式部が書くように直接彰子のお相手をしていた。この宮仕えに対しては一方の小少将も近くにいたことがわかるが、幾分消極的で控えめに「いと世をはぢらひ、あまり見ぐるしきまで児《こ》めい給へり」（控え目で、人付き合いをひどく恥ずかしがり……）と述べられている。

寛弘五年（一〇〇八）九月十一日、敦成親王誕生の際の御湯殿儀では、「御むかへ湯、大納言の君源廉子、……御佩刀《みはかし》小少将の君」（『紫式部日記』）とあり、また誕生の五十日の祝いでは、若宮の御膳の席に連なっている（『紫式部日記』、『御堂関白記』十一月一日条）。

大納言は紫式部が自宅へ戻っている折に、互いの宮仕えの複雑な想いを次のような歌で語り合ったりもしている。紫式部から大納言へは、御前で色々話して下さった様子が恋しく、里の床の寂しさを伝え、

浮寝《うきね》せし水の上のみ恋しくて鴨《かも》の上毛《うはげ》にさへぞ劣らぬ

（御前では女房たちは、水鳥がみずに浮かぶように装束にくるまって仮寝《かりね》いたしますよね。そんな御前が恋しくて、独り寝する里の床に、鴨の羽根の霜にもまさる冷たさを感じていますの）

大納言から返し、

うち払ふ友無き頃の寝覚めにはつがひし鴛鴦《おし》ぞ夜半《よは》に恋しき

（羽根の霜を払い合う友達のいない夜、真夜中に目覚めて、共に暮らした相手を恋しく思う鴛鴦《おしどり》。私も同じですわ。あなたがいらっしゃらないのをとても寂しく思っています）

私も同じで共に暮らした相手を恋しく思うと返している。

小少将と紫式部は一条院内裏では隣り合う局の几帳《きちょう》を取り払い一室にして暮らしており、仲の良い親友だった。道長に「かたみに知らぬ人も、語らはば（互いに相手の知らぬ恋人が愛を語りに来たらどうするのだ）」と笑われた時「されど、誰もさるうとうとしきことなければ、心やすくてなむ（しかし互いに秘密の恋人などいないので安心だ）」と仲の良さを強調している。

藤原道長と小少将、あるいは道長と大納言の関係は諸説があり微妙である。『栄花物語』巻八には、倫子の同母兄弟の「くわがゆ（勘解由）の弁」という人の娘が源則理と離婚して後に彰子に仕えた。綺麗な人だったので道長の目にとまり愛情を懸けられ、やがて愛情も深くなっていったが、倫子は相手が自分の姪だからと黙認していた、とある。しかし、倫子の兄弟には「勘解由の弁」に該当する人はいないので、「蔵人の弁」と呼ばれた時通のことで、時通女の小少将と大納言とを取り違えたもの、とするのが通説になっている。ただし、二人の経歴が混在しているようで、どちらが道長と関係があったのかは諸説がある。

『紫式部日記』には、「大納言の容姿は小柄で色白で可愛く、……端正で愛らしい。顔だちもとても上品で、物腰など可愛げがあってしとやかだ」と描かれている。小少将についても、「どことなく上品で優雅で……姿形はとても可愛く、ものごしは奥ゆかしく、ひと付き合いをひどく恥ずかしがり」とある。どちらの人物描写も、表現の違いこそあれ、宮仕えに出た深窓育ちの女性の姿である。

二人の没年などの消息は、はっきりしていない。源廉子は東宮敦成親王の宣旨となり、即位した後一条天皇に仕えている。三条天皇の大嘗祭御禊《だいじょうさいごけい》の長和元年（一〇一二）、車の行列の時に第三車に乗車していたことはわかっているが（『御堂関白記』閏十月二十七日条）、小少将が供奉した史料はない。小少将は早逝したようである。廉子も長元九年（一〇三六）の後一条帝崩御の際には、素服をもらった女房の中に名前が出てこない（『左経記』五月十七日条、『栄花物語』巻三十三）。彰子から小少将への歌の贈答（『御堂関白集』四二）や、小少将の亡くなったことを哀しむ紫式部と加賀少納言の歌が残されているが、時期は定かではない（『新古今集』巻八）。

（服朗会　北村典子）

主要参考文献

大津透・池田尚隆『藤原道長事典』思文閣出版、二〇一七年。
服藤早苗編『平安朝の女性と政治文化――宮廷・生活・ジェンダー』明石書店、二〇一七年
服藤早苗『藤原彰子』吉川弘文館、二〇一九年
増田繁夫『源氏物語と貴族社会』吉川弘文館、二〇〇二年
増田繁夫『評伝　紫式部――世俗執着と出家願』和泉書院、二〇一四年

第十三章

天皇と結婚した三人の孫内親王

◉道長の孫娘たち

野口華世

一　三人の孫内親王

藤原道長をめぐる女性たちのなかでも、道長の孫娘たちについて述べてゆきたい。たくさんの子どもに恵まれた道長には孫も非常に多く、ざっと数えても男女あわせて五十人ほどにはなる。女子に限ってみても十人以上いたことがわかる。孫娘全員を取り上げることは難しいので、ここでは、そのなかでも天皇の娘として生まれ、内親王《ないしんのう》となり、天皇と結婚した三人の孫娘たちをとりあげる。なぜなら、内親王が天皇と結婚したこと自体がこの時代特有のことともいえ、その希有な内親王三人こそが全員道長の孫娘だからである。具体的には禎子内親王・章子内親王・馨子内親王である。

二　禎子内親王（三条天皇・妍子娘、後朱雀天皇妻、後三条天皇母）

誕生

いちばん年上の禎子内親王は三条天皇と道長の次女妍子との間に生まれた唯一の子で、長和《ちょうわ》二年（一〇一三）七月に道長の土御門第《つちみかどてい》で誕生した。三条天皇は道長の甥ではあったが、早死にした超子の娘で、道長との外戚関係は希薄だった。三条天皇自身も道長と対立し、道長の孫にあたる東宮《とうぐう》（一条天皇）への譲位を迫られ結局位を譲った。三条天皇は譲位の条件として、道長と外戚関係の全くない自らの子の敦明《あつあきら》親王（小一条院）を次の東宮とすることとしそれを果たしたが、三条が亡くなると、敦明親王は東宮を辞退するまで追い詰められた。この敦明親王は禎子内親王の異母兄にあたる。

禎子内親王が誕生した時、『小右記《しょうゆうき》』には道長が「悦《よろこ》ばざる気色《けしき》甚《はなは》だ露《あらわ》なり」とあり、また『栄花物語』巻十一にも「いと口惜しく思しめせど、さはれ、これをはじめたる御事ならばこそあらめ、またもおのづからと思《おぼ》しめす」とある。三条天皇にも外孫を欲していた道長にとって、妍子が生んだ子が女の子であったことは、非常に残念なことではあったが、これが初めてのお産ならばそのうち男の子が生まれることもあろうと思い直した。そして、「夜夜中分かず、若宮の御扱ひに渡らせたまふ」（『栄花物語』巻十一）と、道長は夜も夜中も区別もなく若宮のお世話のためにお越しになった、という有様で禎子内親王は祖父道長に大変かわいがられた。その証拠として生後三ヶ月余りの同年十月に内親王宣下《せんげ》されている。

三条天皇も禎子内親王が誕生すると、通常は皇女には送らなかった御剣《みはかし》を送るほどの喜びであったという。このことはのちの皇女誕生時の先例となった。禎子内親王が妍子とともに内裏に参入すると、三条天皇は明けても暮れても禎子内親王を抱き上げ、乳母の手もいらぬほどにあやしたという。このように三条天皇も格別に禎子内親王をかわいがった。そんな三条天皇は内裏焼亡を機に眼病を患い、先述のように再三の道長による譲位要求に屈して没した。禎子内親王がまだ五歳の時だった。三条の遺領処分は道長によって行われたが、三条院という邸宅だけは禎子内親王に譲与することを先に遺言していた。ここからも三条天皇にとって禎子内親王が特別な娘であったことがわかるだろう。

結婚

三条天皇の没後、禎子内親王は母妍子とともに過ごし、道長一門由来の御所に住まい、道長の庇護のもとに過ごしていた。禎子内親王が十一歳の時に女性の成人式にあたる着裳《ちゃくも》の儀が行われた。これは伯母太《たい》皇太后《こうたいごう》彰子の邸宅で行われ、道長が調度品を立派にしつらえ、彰子が腰結役《こしゆいやく》をつとめた。同時に一品《いっぽん》に叙《じょ》された。このころ禎子内親王と母妍子は、道長の邸宅であった枇杷殿《びわどの》を御所としており、また道長が建立した法成寺《ほうじょうじ》の金堂《こんどう》供養や、祖母にあたる道長の妻倫子の六十賀に参加するなど、まさに道長一門の人物としての行動や扱いであった。

そのようななか、当時の東宮（後朱雀天皇）妃で道長四女の嬉子が親仁親王（後冷泉天皇）を生んだ直後に亡くなった。世間では次の東宮妃は禎子内親王だとしきりに噂されていたという。また、いずれにせよ次の東宮妃については道長が決定する、とも認識されていた。その噂どおり、禎子内親王は万寿《まんじゅ》四年（一〇二七）三月に十九歳の東宮と結婚した。禎子内親王は十五歳であった。結婚すると、「しきりて上《のぼ》らせたまひ、御《み》使《つかい》ひまなく奉《たてまつ》らせたまふ。いたはりたることのやうなれど、御心ざし深げに見えさせたまふ。されば御堂《みどう》

（道長）にも宮（妍子）にも、かひあり、うれしと思しめさるべし（禎子内親王は頻繁に東宮のもとへ参上し、東宮からの使いは暇なく禎子内親王のもとへ遣わされている。それは周囲のものが配慮したということのようではあるけれど、東宮の愛情も深そうに見える。それなので、道長も妍子も、〈禎子内親王が参入した〉甲斐があり、嬉しいことだと思っているだろう）」（『栄花物語』巻二十八）というように、二人の夫婦仲はよかったとされる。

ところで、結婚を決めたのは、噂のとおり道長であった。『小右記』に「禅閤《ぜんこう》（道長）催《もよお》されるところなり。また関白《かんぱく》（藤原頼通《よりみち》）深く御情を入れる」とあり、当時政権の中枢にいた藤原道長が主導権をもってこの結婚を決め、関白を譲られていた道長の子頼通も賛同していた。当時道長の娘には東宮妃としての適任者はおらず、孫娘のなかでは頼通の弟教通の娘生子が十六歳で適齢であった。道長は孫娘の禎子内親王と生子のうち禎子内親王を選んだことになる。道長自身も禎子内親王を道長一門とみなしていたと考えられる。ちなみにこの十余年後、生子も同じく後朱雀天皇に入内《じゅだい》し女御《にょうご》となる。

禎子内親王と東宮との結婚を見届けると、かねてから病気を得ていた母妍子は同年九月に、また道長も同年十二月に没した。その後は伯母上東門院彰子が禎子内親王を支えていく。

出産

先述のように禎子内親王と東宮は仲むつまじくあったという。それをさらに証明するかのように、結婚の二年後には良子《ながこ》内親王を、その三年後には娟子内親王を生み、その二年後の長元《ちょうげん》五年（一〇三二）には東宮にとっての第二皇子尊仁親王を生んだ。この尊仁親王こそ、摂関《せっかん》藤原氏と距離を置き独自の政治を行った、のちの後三条天皇である。その政治は摂関政治から院政《いんせい》へと変わる画期とみなされ、通説では彼が摂関藤原氏に対抗して独自の政治力を発揮できたのは、母が禎子内親王であって摂関藤原氏出身の女子ではなかったことが大きな要因であるといわれている。しかし、今見てきたように当時の意識としては禎子内親王の東宮との結婚は、道長一門である道長の孫娘としてのものであった。後三条天皇も当初は道長一門としての行動が散見し、最初から摂関藤原氏と対抗関係にあったわけではない。彼の政治力は、母が内親王であったということに由来するのではなく、東宮を二十年以上経ての即位でもあり、彼自身に由来するのである。

その後の禎子内親王

夫が後朱雀天皇として長元九年（一〇三六）に即位すると、禎子内親王は翌年中宮《ちゅうぐう》として立后《りっこう》し、すぐに皇后《こうごう》に移行した。寛徳《かんとく》二年（一〇四五）には後朱雀天皇が没し、前妻嬉子が生んだ後冷泉天皇が即位し、禎子内親王所生の尊仁親王が東宮となる。同年禎子内親王は出家《しゅっけ》した。出家したが后位はそのままであった。治暦《じりゃく》四年（一〇六八）後冷泉天皇が没したのにともない、尊仁親王が践祚《せんそ》する。後三条天皇である。翌年、院号定《いんごうさだめ》があり、禎子内親王は陽明門院となった。この直前、後宮は中宮が寛子、皇后が歓子、皇太后が章子内親王、太皇太后が禎子内親王で、后のポストはすべて埋まっていた。東宮（後三条天皇）が即位すると、東宮妃を立后する必要が生じる。当時東宮妃であった馨子内親王（後述）を立后し中宮にするため、太皇太后の禎子内親王を女院にしたものと考えられる。また、この院号定は東三条院・上東門院につづき三人目であったが、初めて出家をきっかけとしないものであった。

陽明門院禎子内親王は、孫にあたる実仁親王・輔仁親王（白河異母弟）を、彼らの父後三条天皇没後もバックアップした。白河天皇即位直後の東宮は異母弟実仁親王であり、白河天皇も実仁親王が先に没するまで、自らの息子を東宮にすることはできなかった。結果的には東宮実仁親王が没した約一年後に白河天皇は譲位と立太子《りったいし》即践祚を同日に強行することによって、子の善仁親王に皇位を継承させることに成功する。白河天皇がそこまで異例なことを強行しなければ子を皇位につけられなかったと考えるならば、その背景には陽明門院禎子内親王の存在が想起される。当時の皇位継承にとって、禎子内親王の存在感は大きかったのである。

このような陽明門院禎子内親王も、嘉保《かほう》元年（一〇九四）に重病となり鴨院《かもいん》にて没した。八十二歳の大往生であった。

三　章子内親王（後一条天皇・威子娘、後冷泉天皇妻）

誕生

章子内親王は、道長の長女彰子所生の後一条天皇（後朱雀天皇兄）と道長三女威子との間の第一皇女である。後一条天皇にはついに一人の男子も生まれなかった。後一条天皇の正式な妻は威子のみで、子はこの間に生まれた二人の姉妹のみである。姉が章子内親王で、妹が次に取り上げる馨子内親王である。ちなみに母威子が立后された時に道長が詠んだのが有名な「望月《もちづき》の歌」である。

章子内親王は道長が亡くなる前年の万寿三年（一〇二六）十二月に生まれた。『左経記《さけいき》』に「未二刻《ひつじのにこく》に及びご誕生〈女〉、すこぶる本意と相違するといえども、平安をもって悦となす」とあり、ご誕生の子が女の子で本意とは異なるが、道長は無事の出産であったことを喜んだ。禎子内親王の時には、女の子の誕生を非常に残念がり、それを隠さなかった道長であったが、その後、道長四女嬉子が親仁親王を生んだ直後に死んでしまったことを経験し、道長は安産を特に喜んだのであった。後一条天皇も同じく安産を喜んで、禎子内親王の誕生にならい、御剣を送っている。

五歳となった章子内親王は長元三年（一〇三〇）に着袴《ちゃっこ》の儀を行い、これを両親である後一条天皇・威子、そして道長亡き後、頼通が熱心に準備したという（『栄花物語』巻三十一）。また『日本紀略《にほんきりゃく》』には、「第一章子内親王飛香舎《ひぎょうしゃ》において着袴、勅《ちょく》、（中略）、即ち一品に叙す」とあり、着袴の儀と同時に一品に叙された。これは后所生の天皇の第一皇女としても、格別の扱いである。禎子内親王でさえも着裳において一品に叙されており、着袴の儀にてわずか五歳で一品に叙されるのは、異例なことであった。

結婚

章子内親王が十一歳となった長元九年（一〇三六）四月に父後一条天皇が亡くなった。その後を追うように母威子も九月に亡くなる。後一条天皇のあとはその弟後朱雀天皇が即位した。両親を失った章子内親王と妹馨子内親王姉妹は、祖母でもあり伯母でもある上東門院藤原彰子に引き取られた。彰子にとっても、亡くなった愛息後一条天皇の忘れ形見である。

翌年、章子内親王は着裳と同日、東宮となっていた親仁親王（後冷泉天皇）と結婚する。東宮とは従兄弟関係でもあり、伯母でもあった。章子内親王は十二歳・東宮は十三歳である。章子内親王の結婚の準備は、頼通や彰子によってなされ、後一条天皇が在世中と変わらぬ支度であったという（『栄花物語』巻三十四）。

このように章子内親王の結婚を積極的に進めたのは、親代わりとなっていた上東門院彰子とその弟で道長の後継者の頼通だった。章子内親王を引き取っていた彰子は当然かもしれないが、頼通も「関白殿候《こう》せしめ給《たま》う、御沓《おくつ》を懐《いだ》き給うと云々《うんぬん》、殿の御衣《おんぞ》をもてこれを覆い、三日動かず、又三日有りて御殿油を消さず、てえり」（『行親記』）、また『栄花物語』巻三十四でも、「御参りのほど三日は、殿おはしまいて、夜は御沓を抱き、御衾《ふすま》まゐらせたまふなど、あはれにこまかに、まことの御親などのやうにあつかひきこえさせたまふも」とある。どちらの史料にも三日間沓を抱いて寝たことが記されるが、これは新婦の父母が婚姻の日から三日間、沓を抱いて寝ることによって、新郎の夜離れのないことを願う当時の風習であったという。頼通がまさに親代わりを務めたことを示す。したがってこの結婚を進めたのは、道長亡き後、発言権を有していた上東門院彰子であり、道長の後継者となっていた頼通でもあったといえよう。

寛徳二年（一〇四五）一月後朱雀天皇が没し、夫後冷泉天皇が即位した。章子内親王は女御となり、翌年二十一歳で立后し中宮となった。後冷泉天皇の後宮には章子内親王立后の翌年永承《えいしょう》二年（一〇四七）に教通娘歓子が入内し、永承五年（一〇五〇）には関白頼通の娘寛子が満を持して入内した。寛子は入内の二ヶ月後に立后して皇后となったが、政治的主導者である頼通の一人娘寛子であるから、立后は当然の流れではあるものの、中宮の座を章子内親王は渡さなかった。中宮と皇后二后並立そのものがイレギュラーなことではあるが、その場合でもあとから立后する権力者の娘が中宮となり、以前からの后は皇后となるのが通例であった。しかし、章子内親王は中宮にいつづけたのである。これを可能としたのは、章子内親王を強力にバックアップしていた上東門院彰子の存在が大きいと考えられる。上東門院の政治力は弟頼通をもしのぐものだったといえよう。

その後の章子内親王

夫後冷泉天皇が没する直前に歓子が立后して皇后となり、章子内親王は中宮から皇太后となった。ちなみに寛子はここで初めて中宮となる。またこれで同じ天皇の妻が三后並立となり、これは史上初のことであった。章子内親王は四十三歳で子はいなかった。夫が治暦四年（一〇六八）に没すると翌年出家した。同年妹馨子《さほこ》内親王が新たに即位した後三条天皇の中宮として立后すると、章子内親王は太皇太后となる。

延久四年（一〇七二）十二月に後三条天皇が譲位して白河天皇が即位し、翌年五月に後三条上皇は没する。さらにその翌年の延久六年（一〇七四）、白河天皇は寵妃で女御の藤原賢子の立后を決めた。しかし当時后位は中宮馨子内親王、皇后藤原歓子、皇太后藤原寛子、太皇太后章子内親王という状況で空きはなかった。立后はすでに決まっていたので、いずれかを女院にしなければならない。そこで選ばれたのが章子内親王であった。しかしこれまでに女院となっていた三人は全員が天皇の母で国母であったが、章子内親王には子がいない。国母ではない章子内親王への院号宣下は先例に反する例外でしかなく、彼女は貴族社会からの批判の目に晒された。結局、章子内親王は院号宣下を受け二条院となるが、女院の経済的な給付でもあった院分受領を得ることができなかった。これを見た上東門院彰子は、自分の院分を譲ろうともしたらしい。上東門院はこの四ヶ月後に没するが、ここでも彼女は章子内親王を親代わりとしてバックアップする立場にあったことがわかる。とはいえ、章子内親王の院号宣下にともなう経済的な悪条件を受容せざるを得なかったという事実は、晩年の上東門院彰子の政治的影響力が、すでに白河親政期に入っていたこの時期には、及ばないことも多くなったともいえるのかもしれない。

その後、白河院政期に入った寛治《かんじ》二年（一〇八八）、二条院章子内親王は父後一条天皇のために菩提樹院《ぼだいじゅいん》の東に御堂を供養した。内親王が父天皇の追善《ついぜん》を行うという先駆の一人といえる。二条院章子内親王は、その余生を父天皇の追善に費やしたであろう。長治《ちょうじ》二年（一一〇五）その菩提樹院において八十歳の生涯を閉じ、同所に葬られた。

四　馨子内親王（後一条天皇・威子娘、後三条天皇妻）

誕生

章子内親王の同母妹の馨子内親王は、道長が没した翌々年長元二年（一〇二九）二月に生まれた。『小右記』に「御産遂げおわんぬ、女子てえり、宮人《みやびと》の気色《けしき》はなはだ以《もっ》て冷淡なり」とあり、やはり女子の誕生にがっかりしている様子がうかがえる。百日《ももか》の儀のあと内親王とされ、長元四年（一〇三一）十月に着袴の儀にともない二品《にほん》に叙せられた。『左経記』には、「内府《だいふ》（教通）仰《おお》せて云わく、先（佐）品子を以て二品に叙すべしてえり」とあり、馨子の訓が「さほこ」と判明する希有な女性である。

同年十二月に斎院《さいいん》に卜定《ぼくじょう》され、長元九年（一〇三六）四月までの約四年強、三歳から八歳の間、賀茂斎院《かものさいいん》として在任した。馨子内親王が斎院に決定すると、両親である後一条天皇と威子は幼い内親王との別れを惜しむように二人の間においてかわいがったと『栄花物語』巻三十一にある。馨子内親王が実際に斎院に入御すると、母の威子はしばしばその居所を訪れ、幼い馨子内親王をなぐさめたようである。

長元九年（一〇三六）四月に父後一条天皇が亡くなると、馨子内親王は斎院を退下《たいげ》した。退下後は、姉の章子内親王とともに母威子の御所にいたが、威子も程なく亡くなり、姉とともに上東門院彰子のもとに引き取られ、養育されることになった。翌年姉章子内親王は東宮親仁親王と結婚した。

寛徳二年（一〇四五）後朱雀天皇が没し、東宮が即位した（後冷泉天皇）。翌年章子内親王は立后して中宮となる。新しい東宮には禎子内親王の子の尊仁親王（後三条天皇）が皇太弟《こうたいてい》として立った。

結婚

その東宮尊仁親王と馨子内親王は永承六年（一〇五一）十一月に結婚する。馨子内親王は二十三歳、東宮尊仁親王は十八歳であった。尊仁親王には永承元年（一〇四六）の元服・立太子にともない、頼通の異母弟である藤原能信の養女茂子が副臥《そえぶし》として入っており、すでに第一皇女聡子内親王を生んでいた。茂子はこの後も貞仁親王（白河天皇）をはじめその他三人の内親王を生む。能信は尊仁親王の立太子を積極的に推進した人物である。茂子に関しては、実父が故権中納言《ごんちゅうなごん》公成で、道長の子孫でないことを批判するものもいた。その茂子の五年後に馨子内親王が東宮の後宮に入る。道長の外孫でもあった馨子内親王は、東宮妃としてふさわしい人物である。それにしても、元服・立太子から五年もたっての結婚とは、どういうことなのだろうか。

ここで少しこの間の状況を確認しておくと、先述のように尊仁親王の兄後冷泉天皇が即位した翌年の永承元年（一〇四六）に女御章子内親王が立后し中宮となるも、結婚からすでに十年を過ぎて子が生まれていなかった。翌年、教通の娘歓子が二十七歳で入内する。歓子は二年後の永承四年（一〇四九）に皇子を出産したがその子はすぐに亡くなってしまった。翌年、頼通の一人娘寛子が十五歳で後冷泉天皇に入内する。後冷泉後宮においては、歓子にも寛子にもまだまだ出産の可能性があった。

その翌年の馨子内親王の結婚について、『栄花物語』巻三十六では「上東門院は、東宮に斎院参らせたてまつらせたまひてき。そのほどの御有様、殿（頼通）たちゐあつかひたてまつらせたまふ。右の大殿（頼通）、内の大殿（頼宗）、みな同じ心に参り仕うまつらせたまふ」とある。この結婚は上東門院彰子が決めたもので、頼通も教通・頼宗も心を合わせてこの結婚に向けて奉仕したという。先述のように兄後冷泉天皇に皇子誕生の可能性が高かったこの時期、東宮尊仁親王に対する貴族たちの注目度は高かったとはいえない。それでも尊仁親王は上東門院がバックアップした禎子内親王の子であり、その子が東宮となり適齢期になったからには正妃が必要と判断されたのではないか。そこで、上東門院は自らの養女で、道長の外孫で、愛息の忘れ形見である馨子内親王を選んだと考えられる。上東門院がそこまで考えていたのかは不明だが、皇子のなかった愛息後一条天皇の血を受け継ぐ皇子を期待していたのかもしれない。頼通も反対のしようもなく、この結婚に協力したのであろう。

その後の馨子内親王

馨子内親王と東宮の仲は良好であったらしい。それを証明するように、馨子内親王は皇女・皇子を生んでいる。しかしみなすぐに亡くなってしまったという（『栄花物語』巻三十七）。

延久《えんきゅう》元年（一〇六九）後冷泉天皇死去により、結局夫尊仁親王が即位した。それにともない、馨子内親王は立后し四十一歳で中宮となった。同四年（一〇七二）十二月後三条天皇は譲位し白河天皇が即位した。翌年五月後三条上皇が出家すると、馨子内親王も出家した。夫は出家後すぐに亡くなったが、馨子内親王は中宮のままであった。同六年（一〇七四）六月白河天皇の女御賢子を立后させるため、馨子内親王は皇后となり、先述のように姉章子内親王が院号宣下を受け女院となった。この時に誰を后位からはずし女院にするかという議論において、実は馨子内親王もその有力候補者であった。なぜなら、彼女は「先帝（後三条）の后、今上《きんじょう》（白河）の継母」（「澄池記」記主教通）であったためで、この時白河天皇の実母茂子がすでに亡くなっており、中宮馨子内親王が継母であるとの認識が当時の貴族社会に存在していたことがわかる。

その後も馨子内親王は皇后でありつづけ、寛治《かんじ》七年（一〇九三）に六十五歳で亡くなった。「頓滅《とんめつ》」とあり急死だったらしい。上東門院が住まいとした東北院《とうほくいん》の西院《さいいん》を居所としていたので西院皇后と称された。

五　三人の孫内親王の共通点

ここまで、道長の外孫である三人の内親王について見てきた。この三人の共通点を考えてみるならば、それは三人ともが天皇の妻として立后したということであろう。実は平安時代に内親王は百人以上いるが、天皇と結婚した内親王はわずかに七人（時代順に正子・昌子・禎子・章子・馨子・篤子・姝子）で、そのうちの三人が道長外孫の今回取り上げた内親王であった。また、禎子内親王の前例昌子内親王は、朱雀天皇の娘で冷泉天皇の中宮であり、いわば二世代前の后といえ、彼女が亡くなったのは三人が生まれる以前のことである。それだけにこの三人の内親王が、近い時期に生まれ後朱雀・後冷泉・後三条と三代つづく天皇とそれぞれ結婚したことこそが、内親王の歴史にとっても希有なことであるし、この時代を反映することといえるのではないだろうか。

さて、近年の研究では道長が天皇を円融系に一本化して以降は、禎子内親王や、その子後三条天皇でさえも、道長一門の中に包摂されていたとも考えられている。禎子内親王を含め、本章で見てきた三人の内親王は、道長や彰子・頼通に大切にされていたことが見て取れ、その処遇は摂関藤原氏出身で后妃となった娘たちに比して遜色はない。さらに、この三人の結婚についても、それを主体的に決定したのは、道長、その死後は彰子・頼通であった。このように見てくると、禎子内親王に加えて、章子・馨子内親王も道長一門であり、三人の内親王は道長一門の女性として、道長一門の天皇と結婚したといえるのである。

三人の内親王が果たした具体的な役割については今後さらに検証していく必要があろうが、これまでややもすれば看過されてきたこの三人の内親王については、もっと注目するべきではないだろうか。内親王の歴史という点から見ても、この三人の内親王を摂関家から院政期への過渡期の存在としてのみ見るのではなく、天皇と結婚した内親王の出現として一時代を形成したとも捉えられるのである。

主要参考文献

長田圭介「後三条天皇と摂関家」『皇學館論叢』四三-五、二〇一〇年
河内祥輔「後三条・白河「院政」の一考察」『日本中世の朝廷・幕府体制』吉川弘文館、二〇〇七年（初出一九九二年）
栗山圭子「篤子内親王論」『中世王家の成立と院政』吉川弘文館、二〇一二年（初出二〇〇七年）
小西京子「摂関政治と禎子内親王」『寧楽史苑』四〇、一九九五年
佐々木恵介『天皇の歴史3　天皇と摂政・関白』講談社、二〇一一年
高橋由記「章子内親王の存在感と『栄花物語』の描写」『大妻国文』四二、二〇一一年
所京子「入内斎院馨子内親王関連の和歌集成」『聖徳学園女子短期大学紀要』一三、一九八七年
野口華世「内親王女院と王家――二条院章子内親王からみる一試論」『歴史評論』七三六、二〇一一年

野村育世『家族史としての女院論』校倉書房、二〇〇六年
橋本義彦「女院の意義と沿革」『平安貴族』平凡社、一九八六年（初出一九七八年）
伴瀬明美「院政期における後宮の変化とその意義」『日本史研究』四〇二、一九九六年
樋口健太郎「中世摂関家の成立と王家――「氏寺」の再検討を通して」『中世摂関家の家と権力』二〇一一年（初出二〇〇九年）
服藤早苗『藤原彰子』吉川弘文館、二〇一九年
槇道雄「陽明門院の政治的立場とその役割」『院政時代史論集』続群書類従完成会、一九九三年
美川圭『後三条天皇』山川出版社、二〇一六年

◉主要人物系図

凡例

・本文に登場する人物を中心に、主要人物のみを掲載している。
・子の並び順は出生順ではない。
・二重の縦線は養子関係を表す。
・★印の人物は同一人物である。

主要人物系図

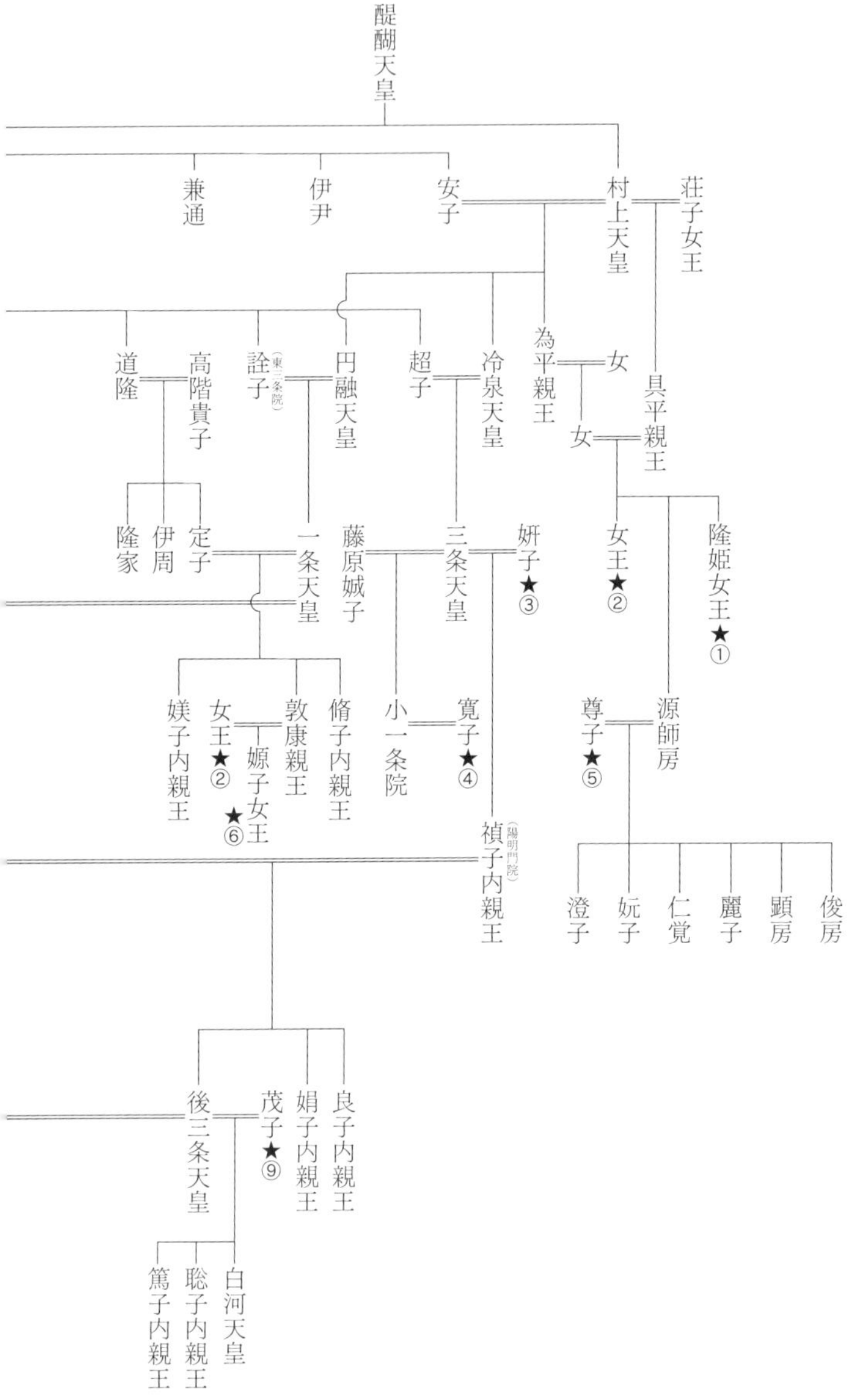
醍醐天皇
荘子女王
村上天皇
安子
伊尹
兼通
具平親王
女
為平親王
女
冷泉天皇
超子
円融天皇
詮子（東三条院）
高階貴子
道隆
隆姫女王★①
女王★②
源師房
妍子★③
三条天皇
藤原娍子
一条天皇
定子
伊周
隆家
尊子★⑤
寛子★④
小一条院
脩子内親王
敦康親王
女王★②
嫄子女王★⑥
媄子内親王
禎子内親王（陽明門院）
俊房
顕房
麗子
仁覚
妧子
澄子
良子内親王
娟子内親王
茂子★⑨
後三条天皇
白河天皇
聡子内親王
篤子内親王

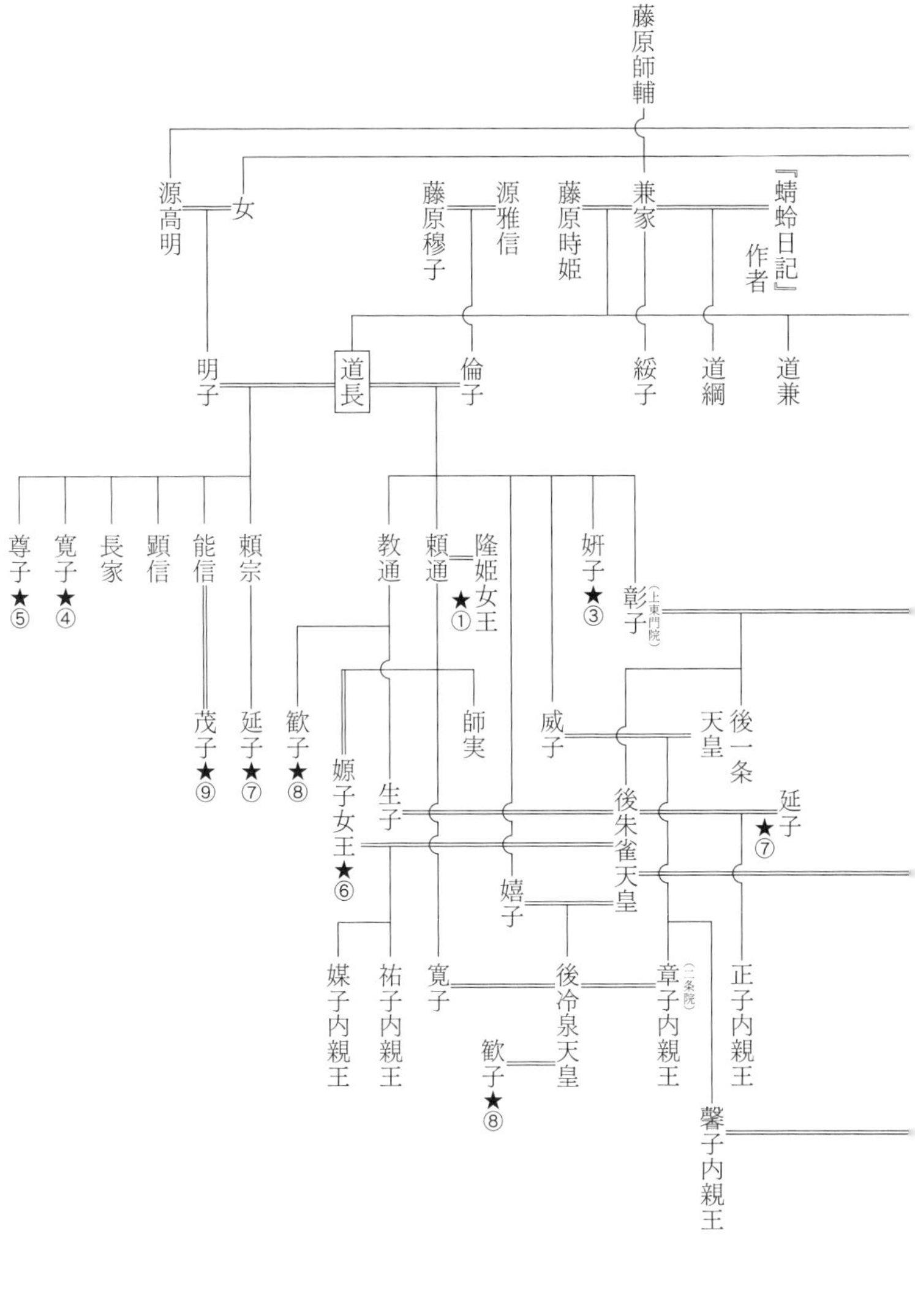
藤原師輔
源高明
女
藤原穆子
源雅信
藤原時姫
兼家
『蜻蛉日記』作者
明子
道長
倫子
綏子
道綱
道兼
尊子★⑤
寛子★④
長家
顕信
能信
頼宗
教通
頼通
隆姫女王★①
妍子★③
彰子（上東門院）
茂子★⑨
延子★⑦
歓子★⑧
師実
威子
後一条天皇
嫄子女王★⑥
生子
後朱雀天皇
延子★⑦
嬉子
媒子内親王
祐子内親王
寛子
後冷泉天皇
章子内親王（二条院）
正子内親王
歓子★⑧
馨子内親王

◉あとがき

二〇一八年十一月二十三日の満月は、藤原道長が三女威子の立后――それは、道長の娘たちが太皇太后・皇太后・中宮に並び立つ「一家三后」の達成でもあった――に浮かれて、祝宴の最中に、「この世をば　我が世とぞ思ふ　望月の　欠けたることも　なしと思へば」と詠じた寛仁二年（一〇一八）十月十六日から、旧暦に換算してちょうど千年後のものであった。一部の新聞やニュースに小さく取りあげられたことを、覚えている方はいるだろうか。

本書『藤原道長を創った女たち』の企画は、この千年後の望月より少し前から始動していた。近年の歴史学界の状況としては、藤原道長とその政治文化に対する再評価には積極的だが、道長の〈望月の世〉の立役者であるはずの、道長をめぐる女性たち――親族・姻族・女房たち――への関心は薄いまま、という印象があった。

一方、文学の分野では、道長の長女彰子とその周辺の女房たちの文芸活動に注目が集まり、福家俊幸他編『藤原彰子の文化圏と文学世界』（武蔵野書院、二〇一八年）という大部の編著が出版された。そして、この道長の長女彰子（上東門院）に対しては、朧谷寿氏や服藤早苗氏による評伝が立て続けに出版されるタイミングでもあり、道長をめぐる、いやもっと女性たちの主体性に注目して、道長を「創った」女性たちという視点で一著をまとめる、千載一遇のチャンスと思われた。

今回の執筆者の多くは、『女と子どもの王朝史――後宮・儀礼・縁』（森話社、二〇〇七年）、『〈平家物語」の時代を生きた女性たち』（小径社、二〇一三年）、『平安朝の女性と政治文化――宮廷・生活・ジェンダー』（明石書店、二〇一七年）など、過去に服藤さんを編者とする女性史・ジェンダー史の著作に関わってきた方々であるが、新たに伴瀬明美さんにも加わっていただいた。この分野において望みうる最高の布陣と自負している。取りあげる人物や構成などは、服藤さんや執筆者と協議を重ねて決めた。大学の授業で使いたいという希望から、十三章仕立てにこだわったが、おおむね、道長の栄華を創出した女性たちを網羅することができたと思われる。

言い出しっぺということもあり、私も共編者に加えていただいたが、細かな実務に至るまでの多くを服藤さんに頼ってしまった。また、出版事情の厳しいなか、刊行をお引き受けいただいた明石書店様と、本書で初めて歴史系著書の編集担当となり苦労された長島遥さんにお礼申し上げる。長島さんには、ご自身で撮影されたという、二〇一八年十一月二十三日当日に土御門邸（道長居宅）跡から見た「千年後の望月」の写真を、カバーに提供していただいたことにも感謝したい。

高松百香

二〇二〇年三月　新型コロナウイルス騒動の東京で

茂出木公枝（もでき・きみえ）［第十二章］
服朗会
専門：平安時代女性史
業績：「禄から見る天皇の乳母――『栄花物語』を中心に」（服藤早苗編『平安朝の女性と政治文化』明石書店、2017年）

河村慶子（かわむら・けいこ）［第十二章］
服朗会
専門：平安時代女性史
業績：「『栄花物語』における婚姻用語とその実態」（服藤早苗編『平安朝の女性と政治文化』明石書店、2017年）

北村典子（きたむら・のりこ）［第十二章］
服朗会
専門：平安時代女性史
業績：「『栄花物語』に見る年中行事――祭を中心に」（服藤早苗編『平安朝の女性と政治文化』明石書店、2017年）

野口華世（のぐち・はなよ）［第十三章］
共愛学園前橋国際大学教授
専門：日本中世史
業績：「院政期の恋愛スキャンダル――「叔父子」説と待賢門院璋子を中心に」（『日本歴史』編集委員会編『恋する日本史』吉川弘文館、2021年）、『増補改訂新版 日本中世史入門――論文を書こう』（共編著、勉誠出版、2021年）、『『吾妻鏡』でたどる北条義時の生涯』（共編著、小径社、2021年）

東海林亜矢子（しょうじ・あやこ）［第四章、第五章］
国際日本文化研究センター客員准教授、日本女子大学非常勤講師
専門：日本古代史
業績：『平安時代の后と王権』（吉川弘文館、2018 年)、「摂関期の后母――源倫子を中心に」（服藤早苗編『平安朝の女性と政治文化』明石書店、2017 年)、『日記から読む摂関政治』（倉本一宏監修〈日記で読む日本史 5〉、共著、臨川書店、2020 年)

伴瀬明美（ばんせ・あけみ）［第九章］
大阪大学准教授
専門：中世史
業績：『東アジアの後宮』（共編著、勉誠社、2023 年)、「女房として出仕すること――中世前期の貴族社会における女房」（総合女性史学会・辻浩和・長島淳子・石月静恵編『女性労働の日本史』勉誠出版、2019 年)、「摂関期の立后儀式――その構造と成立について」（大津透編『摂関期の国家と社会』山川出版社、2016 年)

栗山圭子（くりやま・けいこ）［第十章］
神戸女学院大学准教授
専門：日本古代中世史
業績：『中世王家の成立と院政』（吉川弘文館、2012 年)、「兼通政権の前提」（服藤早苗編『平安朝の女性と政治文化』明石書店、2017 年)

西野悠紀子（にしの・ゆきこ）［第十一章］
女性史総合研究会、総合女性史学会会員
専門：日本古代史、女性史
業績：『歴史の中の皇女たち』（共著、小学館、2002 年)、「平安初期における邸宅の伝領について」（西山良平・藤田勝也編『平安京の住まい』京都大学学術出版会、2007 年)、『ジェンダー史』（〈新体系日本史 9〉、共著、山川出版社、2014 年)、『日本女性史研究文献目録』Ⅰ～Ⅴ（共著、東京大学出版会、1983 ～ 2002 年)

◉ 編著者

服藤早苗（ふくとう・さなえ）［第一章、第六章、第八章］
埼玉学園大学名誉教授
専門：平安時代史、女性史、ジェンダー史
業績：『家成立史の研究』（校倉書房、1991年）、『平安王朝の子どもたち』（吉川弘文館、2004年）、『平安王朝社会のジェンダー』（校倉書房、2005年）、『古代・中世の芸能と買売春』（明石書店、2012年）、『平安王朝の五節舞姫・童女』（塙書房、2015年）、『平安朝の女性と政治文化』（編著、明石書店、2017年）、『藤原彰子』（吉川弘文館、2019年）

高松百香（たかまつ・ももか）［第二章、第七章、あとがき］
東京学芸大学特任准教授
専門：日本古代・中世史、ジェンダー史
業績：「院政期摂関家と上東門院故実」（『日本史研究』513、2005年）、「鎌倉期摂関家と上東門院故実」（服藤早苗編『平安朝の女性と政治文化』明石書店、2017年）、「興福寺八重桜説話の展開と上東門院」（福家俊幸他編『藤原彰子の文化圏と文学世界』武蔵野書院、2018年）、「「一帝二后」がもたらしたもの」（『日本歴史』編集委員会編『恋する日本史』吉川弘文館、2021年）

◉ 著　者（執筆順）

永島朋子（ながしま・ともこ）［第三章］
専修大学兼任講師、専修大学人文科学研究所特別研究員
専門：日本古代史
業績：「女装束と被物」（『総合女性史研究』第18号、2001年）、「奈良・平安期における挿頭花装飾の意味と機能」（『延喜式研究』第18号、2002年）、「延喜太政官式に見える挿頭花について」（『国立歴史民俗博物館研究報告』第218集、2019年）

藤原道長《ふじわらのみちなが》を創《つく》った女《おんな》たち
——〈望月《もちづき》の世《よ》〉を読《よ》み直《なお》す

2020年 3月25日　初版第1刷発行
2024年 5月30日　初版第4刷発行

編著者　服《ふく》藤《とう》早《さ》苗《なえ》
高《たか》松《まつ》百《もも》香《か》
発行者　大江道雅
発行所　株式会社明石書店
〒101-0021 東京都千代田区外神田6-9-5
電　話　03-5818-1171
FAX　03-5818-1174
振　替　00100-7-24505
https://www.akashi.co.jp/

装　丁　明石書店デザイン室
印刷／製本　モリモト印刷株式会社

（定価はカバーに表示してあります）　ISBN 978-4-7503-4989-3

古代・中世の芸能と買売春

遊行女婦《うかれめ》から傾城《けいせい》へ

服藤早苗［著］

◎四六判／並製／304頁 ◎2,500円

折口信夫、網野善彦らの「聖なる遊女」論に批判的な立場から、日本における買売春の成立を、古代万葉集の時代から平安時代、鎌倉時代、中世後期へと史料を取り上げて綿密に検証し考察する。若い読者のために難字にはルビを付し、引用文には現代語訳を付す。

【内容構成】

〈価格は本体価格です〉